BIBLIOTHÈQUE
CHRÉTIENNE ET MORALE

APPROUVÉE

PAR Mgr L'ÉVÊQUE DE LIMOGES.

In-8° 4e Série

LES

DUCS DE BRETAGNE.

Les ducs de Bretagne.

LES
DUCS DE BRETAGNE

PAR

A. D'AUGEROT.

LIMOGES

BARBOU FRÈRES, IMPRIMEURS-LIBRAIRES.

VOYAGER!

Voyager! quel mot magique, et comme il fait battre vos cœurs, mes amis! Quitter les bancs de la classe ou le toit paternel, dire adieu à l'existence uniforme qu'on y mène, à ce jardin, à cette campagne qui ont vu vos jeux enfantins, pour vous élancer dans des espaces inconnus, pour découvrir à chaque pas des horizons nouveaux, n'est-ce pas là un bonheur dont l'idée seule fait tourner vos jeunes têtes? Si je voulais vous gronder, n'en aurais-je pas le droit? Ne pourrais-je pas vous demander, ingrats, où vous serez plus heureux, où vous serez plus aimés que sous ce toit qui vous a vu naître, et où vos premières années se sont écoulées entre ce qu'il y a ici-bas de plus doux et de meilleur, une mère, un père, des frères, des sœurs; où serez-vous plus heureux, où serez-vous plus aimés que dans cet asile où vous avez été accueillis avec tant d'indulgence et de dévouement, où chaque jour on s'efforce de vous instruire et de vous rendre bons?

Mais pourquoi vous en ferais-je un reproche? Pourquoi flétrirais-je de l'odieux nom d'ingratitude cette mobilité d'esprit, ce besoin d'émotions, ce mécontentement de la position présente dont nous sommes tous plus ou moins travaillés? Pourquoi seriez-vous plus sages que la plupart des hommes, vous qui êtes encore presque des enfants? nous avons presque tous eu notre tour; comme vous nous avons été gais, rieurs, étourdis; comme vous nous avons eu nos beaux jours d'étude et de plaisir, et pas mieux que vous nous n'en avons su jouir. Nous les regrettons, maintenant qu'il est impossible qu'ils reviennent; maintenant que les soucis, les chagrins, les déceptions que nous avons rencontrés sur notre route nous ont remis en mémoire ce temps si éloigné déjà où sûrs d'une caresse ou d'une récompense, nous n'avions, pour être heureux et rendre heureux ceux qui nous aimaient, qu'à écouter leurs leçons et suivre leurs conseils. Nous les regrettons, parce que ces tendres affections qui nous avaient reçus à notre entrée dans la vie, parce que ces guides éclairés, ces appuis tutélaires nous ont été l'un après l'autre enlevés. Nous les regrettons surtout, parce que nous n'avons pas assez profité de ces jours sereins, mais rapides de notre jeunesse, pour témoigner tout notre amour à ces bons parents qui ne sont plus, et qui ne voulaient, pour preuve de cet amour, que nous voir acquérir des talents et des vertus.

Ce qu'ils nous disaient alors de la nécessité du tra-

-vail, l'expérience nous l'a répété bien souvent depuis, et, plus d'une fois, elle nous a fait payer cher ses leçons. N'attendez pas qu'elle se charge de vous rendre sages, mes jeunes amis ; fiez-vous à ceux qui ont fait connaissance avec cette dure maîtresse, et suivez leurs avis. Le temps destiné à vos études finira ; employez-le à amasser le bagage dont vous aurez besoin pour entreprendre alors votre voyage à travers la vie, et ne desirez pas trop entendre sonner cette heure du départ, qui viendra toujours trop tôt, soyez-en sûrs ; car il vous restera alors beaucoup à apprendre encore.

Puis, comme je vous le disais, dès que vous jouirez de cette liberté à laquelle vous aspirez, elle ne vous suffira plus ; vous courrez après quelqu'autre bien dont la possession ne vous satisfera pas davantage ; vos illusions de jeunesse feront place aux préoccupations de l'âge mûr, et vous arriverez à la vieillesse sans avoir jamais cessé de désirer. Et si vous me demandez la raison de cette soif que rien ne peut apaiser, je ne pourrai vous en donner d'autre que celle-ci : Dieu a fait le cœur de l'homme si grand, qu'aucun des biens de ce monde ne peut le remplir, et que, fût-il donné à l'un de nous de les posséder tous, ce serait celui-là peut-être qui mériterait le plus notre pitié. Si, maintenant, vous voulez que je vous enseigne un remède à ce mal, je vous dirai : Habituez-vous de bonne heure à modérer vos désirs ; songez que vous êtes entre les mains de Dieu, votre père ; qu'il agit toujours, quoi qu'il vous arrive, pour votre plus grand bien ; qu'il vous a placé sur la terre, non pour y jouir de tous les plaisirs ; mais pour vous rendre dignes, par votre patience et votre courage, du bonheur qu'il vous réserve. Et si cette fièvre vous agite encore, elle ne vous consumera pas, elle ne jettera pas le trouble dans vos idées au point de vous faire confondre le juste avec l'injuste lorsqu'il s'agira de vos plaisirs et de vos intérêts.

Revenons maintenant à notre sujet, dont cette amicale causerie nous a un instant éloignés. A votre âge, mes amis, on voudrait tout connaître et tout voir. Cette disposition vous rend l'étude chère, et vous aide à triompher des difficultés que vous y rencontrez. Je veux essayer de l'utiliser, et m'efforcer de tromper un instant ce besoin de mouvement et d'émotions dont je vous parlais tout-à-l'heure. Il n'est pas nécessaire d'aller bien loin pour rencontrer des choses dignes d'attention, pour retrouver de glorieux souvenirs, contempler de beaux monuments, et étudier des mœurs toutes différentes des nôtres. Pour trouver cela, nous ne quitterons pas la France; c'est son pays surtout qu'on doit aimer à connaître, et rien de ce qui se rattache à son histoire ne doit nous être indifférent.

Il y a une de nos provinces dont les costumes, les habitudes, le langage même ne sont ni nos costumes, ni nos habitudes, ni notre langage, une province restée étrangère à la France, bien qu'elle en fasse partie depuis près de quatre cents ans; province qui a eu ses rois; terre de patriotisme, d'honneur et de loyauté, que nous allons parcourir ensemble, et à laquelle nous allons demander l'histoire de ce passé dont elle est fière. Cette province, peut-être l'avez-vous nommée : c'est la Bretagne.

LA BRETAGNE

La Bretagne, autrefois nommée Armorique, n'est point un de ces riches pays où il semble qu'on n'ait qu'à entr'ouvrir la terre pour y puiser à pleines mains, ou bien encore où l'industrie ait su convertir tout en or : c'est un sol rude et ingrat, couvert de bruyères et d'ajoncs, au milieu desquels pourtant se trouvent d'admirables et fertiles campagnes, semées là comme pour recevoir, du cadre sauvage qui les entoure, une grâce et une beauté nouvelles. Géographiquement parlant, la Bretagne est une presqu'île baignée par la Manche et l'Océan Atlantique, et partagée en cinq départements : l'Ile-et-Vilaine, la Loire-Inférieure, les Côtes-du-Nord, le Morbihan et le Finistère ; mais, moralement parlant, elle est encore divisée, comme elle l'était jadis, en Haute et Basse-Bretagne.

La première, qui comprenait les évêchés de Rennes, de Nantes, de Saint-Malo, de Dol et de Saint-Brieuc, s'est peu à peu façonnée aux usages français ; tandis que la seconde, qui raformait les diocèses de Vannes, de Quimper, de Saint-Pol-de-Léon et de Tréguier, est restée véritablement bretonne. Nous les étudierons l'une et l'autre, après avoir jeté un coup-d'œil sur l'origine du peuple qui les habite.

Le désir de faire remonter bien haut sa généalogie est commun aux nations. Les premiers historiens bretons ont fait peupler leur patrie dès les premiers siècles du monde. D'autres, plus modestes, se sont bornés à dire que Noé, sortant de l'Arche, se trouva sur les côtes de l'Armorique, non loin de l'embouchure de la Loire. Mais des auteurs sérieux font, après de consciencieuses recherches, peupler cette contrée par les Celtes Cimmériens, lors des grandes migrations à la suite desquelles l'Europe fut envahie par ces peuplades, dont le berceau était l'Asie.

Les Celtes, qui s'établirent dans les Gaules, avaient la même origine ; seulement il est à remarquer que l'union, qui fit la force des Armoricains, manquait aux Gaulois. Ceux-ci d'ailleurs, beaucoup mieux doués que les Bretons sous le rapport physique, avaient moins de force de caractère, moins de ténacité : une valeur plus bouillante peut-être, mais moins raisonnée et moins durable.

César mit dix années à faire la conquête des Gaules, et ne courba qu'avec une peine infinie le front de ces dures peuplades de l'Armorique. Voici les noms des villes qu'occupaient les principales d'entre elles : les Rhedones avaient Rennes pour capitale ; les Nannmètes, Nantes ; les Curiosalites, la petite ville de Corseul ; les Venètes, Vannes ; les Osismiens, Concarneau, suivant les uns, et Morlaix, suivant les autres. Ce pays n'offrait que peu d'appas à la conquête : car c'était un sol âpre, hérissé de montagnes noires, coupé de marais et de ravins presque infranchissables, et couvert de forêts vierges ; mais César voulait tout soumettre à sa redoutable épée.

Lors de cette invasion romaine, la religion druidique était en honneur dans toutes les Gaules ; mais nulle part elle n'était plus révérée que dans l'Armorique, où nous en trouverons à chaque pas quelque monument.

Comme tous les peuples nomades, les premiers Bretons étaient chasseurs ou bergers ; ils se peignaient et se tatouaient le corps comme les sauvages ; ils s'armaient de haches, de flèches et de couteaux de pierre. Ils habitaient les cavernes, ou se bâtissaient des huttes au milieu des forêts, et n'avaient que des barques d'osier recouvertes de cuir. Mais bientôt ils rapprochèrent leurs demeures, construisirent des vaisseaux et firent le commerce entre la Gaule et la Grande Bretagne.

Toutefois, lors de l'invasion des armées romaines, ils n'avaient encore qu'un très-petit nombre de villes ; encore la plupart de ces villes n'étaient-elles qu'un amas de cabanes, protégées par un fossé ou par un abattis d'arbres. Les chefs bâtissaient leur demeure sur le bord d'une rivière, au haut d'un rocher, ou au milieu d'un marais qui pût leur servir de fortifications. Ces chefs étaient choisis parmi les nobles ; car la nation celtique, tant celle des Gaules en général que celle de l'Armorique, se divisait en cinq classes, dont les nobles formaient la seconde.

Le premier rang appartenait aux druides, et leur pouvoir était immense. Les autres classes formaient le peuple, et n'avaient aucune part au gouvernement. Leur condition cependant n'était pas égale : les uns se mettaient à la solde des nobles, et les suivaient à la guerre, c'étaient les soldures ; les autres, appelés clients, dépendaient des chefs, comme, dans l'ancienne Rome, les plébéiens dépendaient des patriciens. Le patron devait protéger ses clients, les aider de ses conseils, faire respecter leurs droits, les secourir dans leurs besoins, et servir de père à leurs enfants ; les clients, en retour de ces bons offices, s'engageaient à payer la rançon de leur patron, s'il était fait prisonnier, à fournir une dot à ses filles, s'il était pauvre, enfin, à contribuer aux frais nécessités par les fonctions publiques lorsqu'il y était appelé. Ces rapports étaient nommés pactes d'amitié, et les clauses en étaient rigoureusement observées chez les Celtes. Plus un chef avait de clients, plus il étaît glorieux ; aussi tenait-il à honneur de les soustraire à toute oppression. Le dévouement des clients à leur patron était si grand, que si ce chef vanait à périr de mort violente, chacun d'eux se faisait un devoir de le suivre, afin qu'il les retrouvât dans l'autre monde. Ce mépris de la mort était d'ailleurs poussé au dernier point chez les Gaulois ; non-seulement ils ne savaient pas fuir devant l'ennemi ; mais ils eussent dédaigné de quitter leur cabane dévorée par l'incendie; ils allaient nus contre des ennemis bardés de fer, et souvent, pour une faible somme d'argent, pour un peu de vin qu'ils distribuaient à leur famille ou à leurs amis, ils livraient leur vie à qui voulait conclure cet étrange marché, et en payaient le prix en riant.

La dernière classe du peuple était formée de ceux que leurs dettes avaient réduits à une sorte d'esclavage, auquel ils pouvaient toutefois se soustraire en désintéressant leurs créanciers. Quant aux véritables esclaves, il y en avait peu chez les Celtes.

Lorsque César pénétra dans les Gaules, le droit de vie et de mort que ces peuples s'étaient attribués sur leurs femmes et sur leurs enfants n'existait plus ; la mère faisait baiser à son fils au berceau l'épée nue de son père, pour le rendre plus vaillant, et jusqu'à ce qu'il fût en âge de manier les armes, elle seule s'en occupait; mais, à dater de cette époque jusqu'à la vieillesse la plus reculée, il devait être prêt à défendre son pays, lorsque besoin en serait. Celui qui eût manqué à ce devoir sacré eût été regardé comme un lâche, et rigoureusement puni. Quant aux expéditions lointaines, l'enrôlement était facultatif. Les prisonniers de guerre furent longtemps impitoyablement massacrés, et l'heureux vainqueur conservait leurs têtes, et les transmettait à ses enfants comme un précieux héritage. Plusieurs mêmes se faisaient du crâne de leur victime une coupe d'honneur dont ils se servaient dans les festins.

Ces mœurs étaient celles de toute la Gaule, et, sauf de légères modifications, celles de l'Armorique, de laquelle nous voulons surtout nous occuper. Les traditions de ce pays assurent qu'il fut le berceau du druidisme, et répandit cette lumière sur les Gaules.

Les druides enseignaient l'immortalité de l'âme ; et l'on était tellement persuadé qu'on se reverrait dans l'autre monde, que cette certitude inspirait aux clients le sacrifice dont nous avons parlé, sacrifice qu'imitaient souvent la femme et les enfants du mort. Ils enseignaient aussi un seul Dieu ; mais ce Dieu était représenté par différents effets de sa puissance : ainsi, l'on invoquait tantôt le soleil, tantôt la lune, l'eau ou le feu. Au milieu d'une multitude de fables, on retrouve avec étonnement les principaux faits enseignés dans l'Histoire Sainte, tels que le déluge et Moïse sauvé des eaux. L'idée de la Trinité perce aussi dans ces ténèbres : trois est le nombre sacré chez les druides, et on le retrouve dans un grand nombre de leurs chants religieux.

Ces chants étaient la partie des bardes, troisième ordre des prêtres. Ils parcouraient le pays, comme le firent plus tard les ménestrels, racontant les exploits des chefs illustres et inspirant à tous le courage et l'amour de la patrie. Poëtes et musiciens, ils redisaient les traditions nationales, en s'accompagnant sur la rote, au milieu des fêtes publiques. Guerriers, ils suivaient les armées et animaient chacun à faire vaillamment son devoir.

La deuxième classe des prêtres était celle des ovates. Les ovates étaient chargés des sacrifices. Ils lisaient l'avenir, comme les augures chez les Romains, dans les astres, dans le vol des oiseaux, et quelques fois dans les entrailles palpitantes des victimes. Au temps où les prisonniers de guerre étaient immolés, c'étaient eux qui défrayaient ces sanglants sacrifices, et il n'était pas rare que des fanatiques voulussent partager leur sort. Vous avez tous ouï parler, mes amis, de ces affreuses solennités où des centaines de malheureux, enfermés dans des statues colossales tressées de jonc et d'osier, brûlaient au milieu d'une ronde infernale, qui s'efforçait d'étouffer leurs cris sous le bruit de ses chants. Si je vous rappelle ces atroces filles, c'est pour vous faire apprécier les bienfaits de la divine religion, qui vint prêcher la miséricorde et apporter la charité sur la terre. Quand la barbarie commença de s'effacer, ces horribles cérémonies devinrent plus rares, et les malfaiteurs furent presque seuls immolés.

Ces sacrifices avaient lieu dans les *croml c'h*, enceintes marquées par d'énormes pierres, qui conservent encore le nom de *menhirs*. Le condamné était étendu sur le *dolmen*, sorte de table de pierre, et, après l'invocation du druide, au soleil levant, l'ovate frappait sa victime avec un couteau de pierre. Dans l'excursion que nous allons faire en Bretagne, nous retrouverons plusieurs de ces temples et de ces pierres isolées, monuments encore debout de ce culte sanglant.

On n'arrivait à la dignité de druide qu'après de longues études et de sévères épreuves Ce corps redouté était présidé par un chef dont le pouvoir était absolu. Les druides habitaient les sombres forêts; ils décidaient de la paix et de la guerre, faisaient les lois, et rendaient une justice sans appel. Les nobles leur étaient soumis comme les derniers de la nation: et c'est lorsque, fatigués de cette sujétion, ils s'unirent pour essayer de s'en affranchir, que la Gaule devint accessible à ses ennemis. Ce pouvoir demeura plus longtemps dans sa splendeur au milieu de la sauvage Armorique, et résista à l'effort des Romains, pour ne céder que devant la pure lumière de l'Evangile.

Ces prêtres avaient acquis, par une continuelle étude, des connaissances profondes en astronomie. Quant à l'art de guérir dans lequel on croyait qu'ils excellaient, il se réduisait à de superstitieuses pratiques dont plus d'une sorcière de village a recueilli l'héritage, et que nous pouvons encore de temps à autre entendre vanter par quelque commère. Ainsi, c'étaient les manières diverses de recueillir les plantes, c'étaient les formules qu'on récitait ou les signes qu'on faisait sur ces plantes qui leur donnaient de merveilleuses vertus.

La plus fameuse de ces panacées était le gui de chêne. Le gui croit sur les branches nues des arbres; mais rarement sur le chêne. On le cherchait donc à travers les forêts, et, lorsqu'on l'avait trouvé, on allait le recueillir suivant le rite consacré. Le sixième jour de la lune, chacun se rendait à cette fête, la plus grande du culte druidique, et c'étaient, de toutes parts, des cris et des transports de joie. Le druide, en grand costume, robe et manteau de lin blanc comme la neige, bracelets d'or, ceinture de lames d'or, couronne de lierre, montait sur l'arbre enrichi de la précieuse plante, et la détachait à l'aide d'une faucille d'or. Le gui était recueilli dans une sorte de nappe blanche, dont quatre druides tenaient les coins; puis un autel s'élevait au pied du chêne, et l'on immolait, en réjouissance, deux jeunes taureaux blancs. Le gui ainsi recueilli appartenait aux prêtres, qui le vendaient chèrement. Ils spéculaient aussi sur différentes sortes de talismans qu'ils fabriquaient, et auxquels la crédulité populaire attachait un haut prix.

Le druidisme avait ses prêtresses; on les vit plus d'une fois remplir l'office des ovates en immolant elles-mêmes les victimes humaines, et en demandant à leur agonie le secret de l'avenir. On attribuait à plusieurs d'entre elles le pouvoir d'exciter ou de calmer les tempêtes, de fertiliser les champs ou de détruire les récoltes, de guérir toutes sortes de maladies ou de faire tomber des fléaux sans nombre sur ceux qui les avaient offensées. C'est de là, sans doute, que sont venus les contes de fées que vous aimiez tant, mes amis, lorsque vous étiez tout petits encore, et dont vous riez aujourd'hui. On a toutefois cru longtemps, en Bretagne, à ce pouvoir des fées, et je n'oserais affirmer que personne n'y croie plus, tant on conserve fidèlement en ce pays l'héritage des souvenirs.

La conquête des Gaules vint substituer les dieux de Rome au druidisme. Nous l'avons déjà dit, sans les divisions intestines, un peuple qui se riait de la mort, et qui se battait pour le plaisir de se battre, n'eût pu être soumis, même par ce génie puissant qu'on appelait César. Il eut besoin d'employer toutes les ressources de son esprit pour triompher de ces hommes indomptables, contre lesquels son épée seule n'eût pas suffi. L'ambition, la haine, la soif de la vengeance furent autant d'instruments qu'il appela à son aide, et au moyen desquels plusieurs tribus celtiques s'entre-détruisirent à son profit. Il séduisit les autres, les attacha à sa cause, arracha de leur pays les moins traitables, et les vendit comme de vils troupeaux.

L'Armorique, défendue par la mer, et conservant, mieux que le reste des Gaules, l'esprit national, tint plus longtemps contre le proconsul, qui eût à accomplir des merveilles de patience et de valeur pour en triompher ; encore ce triomphe ne lui fut-il assuré que quand presque tous les braves Celtes se furent fait tuer, soit dans leurs marais, soit dans leurs forêts sauvages, soit sur les vaisseaux qu'ils avaient construits pour tenir tête à la flotte de César.

Si épuisée que fût la Gaule, elle ne subit pas, sans faire un suprême effort, le joug que lui imposaient les maîtres du monde. Vercingétorix, l'un de ses chefs, lui fit entrevoir l'espoir de reconquérir sa liberté, et ce généreux espoir fit des Gaulois autant de héros. Ils résolurent de livrer leurs villes aux flammes, pour que les vainqueurs ne trouvassent plus dans ce beau pays qu'une affreuse solitude, et ce projet reçut un commencement d'exécution. Mais bientôt les malheureuses divisions auxquelles la Gaule était en proie vinrent prouver à Vercingétorix l'inutilité de ses efforts, et il offrit son sang à César, en lui demandant d'épargner celui de ses frères. Le proconsul se fût peut-être gagné les cœurs si la clémence eût répondu à ce noble dévouement ; mais il fut sans pitié, et pour celui qui s'était livré, et pour ceux qu'en se livrant il avait cru sauver.

Vercingétorix languit dans les fers jusqu'à ce que la conquête des Gaules fut achevée.

Devenue l'une des plus belles provinces du vaste empire romain, la Gaule adopta les mœurs, les usages, le culte et la langue de ses vainqueurs. Le druidisme et l'idiôme celtique semblèrent se réfugier dans les épaisses forêts de l'Armorique. De vastes cités s'élevèrent sur les ruines des villes détruites par César ; des aqueducs furent creusés, des cirques construits, et la Gaule fut sillonnée de ces routes auxquelles on a conservé le nom de voies romaines. Ces œuvres gigantesques, dont tant de fragments existent encore, signalèrent partout le passage des maîtres du monde; mais elles ne firent point le bonheur des Gaules. Quelques-uns de ses chefs, il est vrai, furent appelés aux dignités et aux richesses de Rome; ses vaillants soldats oublièrent leur défaite dans l'enivrement des victoires auxquelles les conduisaient les généraux de Rome; mais le peuple tomba dans la misère et dans l'esclavage.

Non contents du sang que versaient chaque jour pour eux les Gaulois, les Romains les ruinèrent par d'odieux impôts violemment arrachés à ce malheureux pays. Si l'Armorique ne fut pas mieux traitée que le reste des Gaules, elle secoua plus tôt ce joug qui lui avait été imposé; et, lors même que ses villes furent devenues toutes romaines, ses campagnes, et surtout celles qui formèrent depuis la Basse-Bretagne, gardèrent leurs costumes et leur langage. Quand les gouverneurs voulaient user des droits de la victoire, chacun, pour leur résister, devenait soldat, et quelques centaines de paysans ne craignaient pas d'affronter les légions romaines.

Ces luttes continuelles durèrent pendant près de quatre siècles, et plus d'une fois l'île de Bretagne, aujourd'hui l'Angleterre, dont la population avait avec celle de l'Armorique une origine commune, envoya des secours à la péninsule. Sous le règne de Maxime, qui avait été gouverneur de cette île, une armée entière passa le détroit, et vint s'établir en Armorique sous les ordres de Conan. Alors, malgré la fraternité d'origine, des querelles éclatèrent entre les nouveaux venus et les anciens possesseurs du pays, querelles que le besoin de s'unir pour s'affranchir du joug de Rome put seul faire cesser. Conan, en récompense de ses exploits, fut élevé à la dignité de chef suprême de ce petit État.

L'Armorique fut dès lors indépendante; chaque terre fut, comme jadis, gouvernée par son seigneur, et, seulement dans

les grandes circonstances, ces seigneurs se choisirent un chef suprême qui reçut le titre de roi.

Même avant cette époque, la lumière de l'Evangile avait commencé de pénétrer dans la Bretagne. Nulle part ces sublimes enseignements ne furent reçus avec plus d'avidité ; et il ne pouvait en être autrement, le christianisme apportant aux peuples la véritable liberté, relevant l'homme à ses propres yeux, et lui ordonnant d'aspirer à d'éternelles félicités. Les croyances religieuses jetèrent de profondes racines dans ce sol de granit : et ce qui rend encore aujourd'hui la Bretagne digne de tout respect, c'est la fidélité avec laquelle elle a conservé la foi vive et la sincère piété des premiers temps du christianisme.

Ce coup d'œil jeté sur l'histoire de la vieille Armorique, nous allons parcourir la Bretagne, recueillant çà et là, sur notre chemin, les glorieux souvenirs du passé, jusqu'à l'époque où la duchesse Anne réunira cette province à la couronne de France, par son mariage avec Charles VII, puis avec Louis XII. La Bretagne, devenue française alors, n'en garda pas moins ses priviléges, et, reportant sur les rois de France, ses souverains légitimes, l'amour et la fidélité qu'elle avait voués aux ducs, elle se montra, en 1793, le digne appui, la dernière défense de son Dieu et de son roi.

Nous écouterons aussi le soir, au coin d'un foyer hospitalier, les récits du bon vieux temps, les naïves traditions, les pieuses légendes ; car ces traditions et ces légendes peignent les mœurs des peuples, surtout en Bretagne, où, conservées dans la langue même où elles ont été composées, elles n'ont subi aucune altération.

Cette langue, nous l'avons dit, a été reconnue pour l'ancienne celtique ; on l'appelle *bresonnecq* en bas-breton. Presque toute la population des campagnes, dans les départements du Morbihan et du Finistère, s'en sert exclusivement, ainsi qu'une partie de celle des Côtes-du-Nord. Tous les habitants des villes la comprennent et la parlent. Elle se divise en plusieurs dialectes : celui du Léonais passe pour le plus pur. La différence qu'on y

remarque est toutefois plutôt due à la prononciation qu'à la langue même. La grammaire bretonne est loin d'offrir les mêmes difficultés que la langue française, les adjectifs y étant invariables et les temps des verbes ne changeant pas de terminaison, à quelques personnes qu'on les emploie. On nomme *Bretons bretonnants* ceux qui parlent le *brezonnecq*.

RENNES.

Condate Rhedonum, ou Rennes, ancienne capitale de Rhedones, est une belle et majestueuse ville, bâtie en amphithéâtre sur les bords de la Vilaine, et arrosée par le canal d'Ile-et-Rance. Elle a des rues et des places publiques remarquables, de magnifiques promenades, parmi lesquelles on cite le Thabor, d'où l'œil découvre à plusieurs lieues de distance la délicieuse vallée baignée par la Vilaine. Le quartier du Palais, dont on admire les constructions, a été bâti sur l'emplacement de cent cinquante maisons, détruites, en 1720, par un incendie, qui, allumé par un homme ivre, ne put être éteint qu'au bout de huit jours et ravagea presque toute la ville. Le Palais-de-Justice est un édifice grandiose, dont les salles sont décorées de peintures de Jouvenet et de ses meilleurs élèves. Un tableau surtout mérite de fixer l'attention, c'est celui qui représente le mensonge démasqué.

Rennes a aussi un beau Champ-de-Mars, un superbe Mail, et une cathédrale ; mais, au lieu de cet édifice, d'une construction récente, on aimerait à voir, dans la vieille capitale d'une glorieuse province, quelqu'une de ces antiques basiliques que chaque siècle qui passe laisse plus belles et plus vénérées au siècle qui suit ; on aimerait à retrouver dans cette cité la trace de ces splendeurs passées. On évoque Rennes avec ses ducs et son Par

lement; et l'on regrette que les ravages de cet incendie n'aient épargné aucun des monuments dont elle eût été fière.

Les états de la province se tinrent longtemps à Rennes. Ces états se composaient des députés des trois ordres : la noblesse, le clergé et le peuple. Le duc les présidait en personne; il s'y rendait en grande pompe, au milieu de toute sa cour. Ses archers, vêtus de riches habits brodés d'or et d'argent, ouvraient la marche; les ménétriers les suivaient; puis un grand nombre de hérauts, d'officiers et de poursuivants d'armes, tant du duc que des autres seigneurs. Tous portaient une cotte aux armes de leur maître. Enfin venaient les gentilshommes de la maison du duc, les évêques et les abbés suivis des sergents d'armes, qui, portant des masses d'argent, faisaient faire place à ce magnifique cortége. Le premier écuyer, chargé de l'épée du duc enrichie d'or et de pierreries, un gentilhomme portant son cercle royal et un carreau de grand prix, un autre tenant au bout d'un riche bâton son bonnet fourré d'hermine, venait ensuite. Le duc paraissait enfin, revêtu de son manteau ducal aussi fourré d'hermine. Les armes des ducs de Bretagne étaient des hermines sans nombre, avec ces mots : *Or ma vie!* Et les députés gravaient sur leur cachet cette devise : *J'aime mieux la mort qu'une souillure.* (On sait, en effet, que l'hermine se laisse tuer plutôt que de salir sa belle robe). Lorsque le duc portait son manteau, deux seigneurs en soutenaient les côtés, et son grand chambellan en portait la queue. Lorsqu'il n'en était pas revêtu, un autre gentilhomme en était chargé, et ce manteau devenait, à la fin des états, la propriété de ce seigneur privilégié. La marche était fermée par une multitude de conseillers, de barons, de bannerets, de chevaliers et d'écuyers.

Le duc prenait place sur un trône, couvert d'un dais, entre les princes et le chancelier. Auprès du chancelier s'asseyaient, à la droite du duc, les évêques et les ab[illegible]; les députés du tiers-état venaient ensuite. Les nobles occupaient la gauche du duc. Chaque ordre avait son président : ceux de la noblesse et du clergé avaient un siége élevé et couvert; celui du tiers-état n'avait qu'une sorte de fauteuil recouvert de serge. En l'absence du duc, la présidence des états appartenait à l'évêque de Rennes, à celui de Nantes ou à celui de Dol.

Les états s'occupaient de tous les intérêts de la province, discutaient les lois, fixaient les impôts, décidaient les levées d'armes. Pour qu'une décision fût adoptée, il fallait qu'elle obtînt l'assentiment des trois ordres. Chacun d'eux votait séparément, et le résultat de ces délibérations était proclamé par le président du clergé.

Après la réunion de la Bretagne à la France, rien ne fut changé à la mission des états; seulement les commissaires du roi présentaient les demandes qu'il les avait chargé de faire, et lui reportaient les représentations des états. Le doyen des évêques présidait la section.

Une cour de justice fut érigée en Bretagne vers l'an 1485, par Alain Fergent, et reçut le nom de Parlement. Il y eut d'abord à ce Parlement deux chambres, dont l'une siégeait à Rennes et l'autre à Nantes; mais Rennes finit par les réunir.

Les ducs de Bretagne battaient monnaie à leur effigie, et un grand nombre des pièces qui nous restent ont été frappées à Rennes.

Enfin, cette ville, lors de la guerre de la ligue, se distingua par sa fidélité à Henri IV, qu'on voulait à toute force priver du trône qui lui appartenait. L'attachement de la Bretagne à la foi catholique y rendit sans doute plus sincères que partout ailleurs les motifs de l'opposition faite à l'héritier des Valois, et là peut-être elle mérita le nom de sainte ligue, chez le peuple surtout qui agissait d'après sa conscience et non d'après les conseils de l'ambition, comme bien des grands le faisaient. La Bretagne voulut profiter des dissensions de la France pour s'en détacher, et se donner un souverain particulier. Elle fit choix du duc de Mercœur, représentant de l'ancienne famille de Penthièvre, dépossédée jadis de ses droits sur le duché de Bretagne par la maison de Montfort. Il y avait pourtant, dans la vieille province catholique, un certain nombre de réformés. Le frère de l'amiral de Coligny y avait prêché le protestantisme. Rennes et Nantes avaient des temples d'où la vierge et les saints étaient bannis, au grand scrupule de la pieuse population. Aussi, quand éclatèrent les guerres de la religion, ces deux cités bretonnes eurent leurs émeutes, et furent souillées du sang des catholiques et des réformés. Séduite par la duchesse de Mercœur, la ville de Nantes abandonna la cause du roi et prit parti pour les ligueurs ; Rennes ne suivit point cet exemple, et après la mort de Henri III, le Parlement prêta serment à Henri IV, à la condition que la religion catholique serait maintenue, et que le nouveau roi serait supplié d'abjurer le calvinisme.

Le duc de Mercœur créa alors à Nantes un parlement ligueur qu'il voulait opposer aux états royalistes de Rennes, et la guerre continua de désoler la Bretagne. Les ligueurs appelèrent les Espagnols à leur secours, et bientôt cinq mille de ces étrangers débarquèrent à l'embouchure du Blavet. Philippe II, en envoyant ce renfort aux rebelles, n'avait d'autre vue que de s'emparer de la Bretagne, à la faveur des dissensions qui y avaient éclaté. Mais les Espagnols rencontrèrent de la part de la population une résistance sur laquelle ils n'avaient pas compté. Pour les repousser chacun se fit soldat; les femmes, les enfants même combattirent. Le bourg de Locpéran, assiégé par les ligueurs, donna l'exemple d'un véritable héroïsme. Mais ces glorieux efforts devaient échouer : le bourg fut pris et saccagé; presque tous les habitants moururent les armes à la main, et trente jeunes filles cherchèrent dans la mort un refuge contre le déshonneur.

Je ne vous raconterai pas, mes amis, toutes les scènes de désolation qui se passèrent alors dans le pays dont nous étudions l'histoire. D'un côté les royalistes ou les royaux, comme on les nommait à cette époque, soutenus par les Anglais; de l'autre les ligueurs et les Espagnols; et, comme si ce n'eût pas été assez de ces deux armées pour porter partout la terreur et la ruine, un grand nombre de gentilshommes, accompagnés de bandes soudoyés, ravageaient la Basse-Bretagne et en rançonnaient les habitants.

Le vœu exprimé par les états de Rennes, à l'égard du roi Henri IV, fut enfin réalisé. Il adjura les croyances qui avaient donné à tant d'ambitieux un prétexte pour se déclarer contre lui. L'abjuration du roi eût dû détruire aussitôt la ligue; mais cette ambition qui l'avait formée la soutint pendant quelque temps encore.

La ville de Rennes apprit avec une extrême joie l'entrée triomphale dans Paris de ce roi si longtemps repoussé, et une procession solennelle y fut célébrée en actions de grâces de cet événement qui, on l'espérait, allait pacifier le pays. Toutefois, la Bretagne devait souffrir longtemps encore. Le duc de Mercœur attendait une nouvelle flotte espagnole; cent vingt voiles avaient été promises, et la Bretagne attendait comme Mercœur, mais pour repousser l'étranger que, lui, appelait à son aide. Toutes les places de la côte avaient reçu, pour garnison volontaire, la noblesse, la bourgeoisie et jusqu'au petit peuple du pays. Ceux qui ne pouvaient combattre priaient, et toutes les saintes chapelles de la Madone, tous les lieux où l'on venait invoquer les patrons de la Bretagne, étaient jour et nuit assiégés.

Le 1er novembre 1597, la flotte fut signalée. Un cri d'alarme retentit; et, suivant la vieille coutume celtique, ne tarda point à faire le tour de la province, en se transmettant de ville en ville, de bourgade en bourgade.

Toute la population des rivages courut se ranger sur la grève pour recevoir ces nouveaux ennemis, bien décidée à mourir en se défendant, plutôt que de subir le joug des étrangers. Le duc de Mercœur, aveuglé par le désir de la puissance, n'avait pas songé, peut-être, à la liberté de sa patrie, qu'il risquait en y appelant les Espagnols; mais le peuple, que rien de pareil n'aveuglait, découvrait les secrets desseins de ces prétendus amis. Les prières des morts furent interrompues, et chacun se disposa à aller rejoindre ceux auxquels il payait, en cette lugubre fête, le tribut de ses souvenirs. On allait pouvoir compter les navires espagnols et apprécier leurs forces, lorsque la nuit, qui tombe vite en cette triste saison, vint dérober aux yeux de tous la redoutable flotte. Que faire alors? Prier... prier toujours. Les Bretons n'y manquèrent pas.

La voix de la tempête répondit aux cris qu'ils élevaient vers le ciel; pendant toute la nuit, les vagues irritées battiren avec un effroyable bruit les rochers de la côte, et quand, le lendemain, le corps d'armée s'y reforma pour le protéger, tous ces vaillants hommes tombèrent à genoux, en apercevant les débris de cette formidable flotte que Dieu s'était chargé de détruire.

Le duc de Mercœur, dont l'espoir s'était évanoui, entra en négociation avec Henri IV. Le roi venait en personne combattre en Bretagne les restes de la ligue, et il serait impossible de dire avec quelle joie on y attendait son arrivée. Les États de Rennes, après avoir prodigué pour sa défense le sang de leurs provinces, lui offrirent de fortes sommes pour faire refleurir l'ordre et la paix dans ce pays si cruellement maltraité. Henri accueillit la soumission de Mercœur, grâce à la ruse de la duchesse, qui sut se concilier la faveur de d'Estrées, alors toute-puissante auprès du roi.

Pendant que Mercœur mettait dans l'angoisse toute cette vieille terre, si jalouse de son indépendance, Guy Eder de La Fontenelle, plus connu sous le nom de Fontenelle-le-Ligueur, portait la désolation dans la Basse-Bretagne, où, comme nous l'avons dit, le brigandage s'était organisé, à la faveur des dissensions civiles et religieuses. Le chanoine Moreau, qui vivait alors, a retracé tout au long l'histoire des crimes commis par La Fontenelle, dont le nom est encore redouté aujourd'hui dans la Cornouaille.

« Guy Eder avait commencé, dit-il, par suivre les appétits de la bouillante jeunesse. En 1820, étant au collége de Boncolet, à Paris, toujours aux mains avec ses compagnons, plus prompt aux coups qu'à la parole, il vendit ses livres et sa robe de classe, et du provenu de l'argent, acheta une épée et un poignard, se déroba du dit collége, et prit le chemin d'Orléans, pour aller trouver M. le duc du Maine, lors lieutenant général de l'état et couronne de France, et chef du parti catholique; mais il n'alla guère loin qu'il ne fût dévalisé et dépouillé par quelques coureurs, si bien que la nécessité le contraignit de retourner à Paris, à son premier maître de collége, où toutefois il ne tarda guère qu'il ne retournât en Bretagne, en 1589, que tout le royaume était en trouble et en combustion. Agé de quinze à seize ans, il se mit parmi la populace qui était sous les armes pour le parti des ligueurs, qui en fit état, parce qu'il était de bonne maison (de la maison de Beaumanoir, l'une des plus illustres de Bretagne) et du pays, et, le voyant d'un esprit actif, lui obéissait volontiers; il prit le titre de La Fontenelle, maison noble de leur patrimoine; se fit suivre de quelques domestiques de son frère aîné, et d'autres jeunes seigneurs de la commune qu'il connaissait plus remuants, hardis à suivre les hasards de ses desseins, et commença à piller les bourgades, prendre prisonniers de quelque parti qu'ils fussent; s'ils avaient de l'argent pour payer leur rançon, leurs prises étaient bonnes. Tous les malins et bandits du pays se rallièrent autour de lui, si bien qu'en peu de temps ses troupes furent très-augmentées. »

Tels furent les débuts de La Fontenelle. J'ai voulu vous citer ce passage d'un historien contemporain, pour vous faire voir, mes jeunes amis, jusqu'où peut aller celui qui ne veut point modérer ses mauvais penchants et combien ceux qui sont chargés de vous instruire et de vous diriger, sont en droit de s'affliger et de trembler pour votre avenir, lorsqu'ils vous voient ne tenir aucun compte de leurs avertissements, et suivre en tout, selon l'expression du bon chanoine Moreau, les appétits de la bouillante jeunesse.

La Fontenelle devint le fléau du pays de Cornouaille. Fortifié dans un château, d'où il sortait avec les siens quand le moment lui en paraissait opportun, il exerça tant et tant de ravages, que les habitants de plusieurs communes vinrent l'y attaquer. Il leur résista, et, pour se venger de leur audace, il en tua, dit-on, plus d'un mille. Leurs corps furent laissés sans sépulture; car ce brigand les fit garder de peur que les parents ou les amis de ces victimes ne les vinssent reconnaître, et ne les enlevassent ensuite pour les inhumer en terre sainte. Les chiens et les loups en firent leur pâture, et comme, un jour, quelqu'un s'étonnait de ce que La Fontenelle pût supporter l'horrible puanteur qu'exhalaient ces cadavres abandonnés autour de son château, il répondit : Le corps d'un ennemi mort sent toujours bon.

La Fontenelle eut bientôt à ses ordres une véritable armée, dont les bandes se répandirent de tous côtés, brûlant et pillant les châteaux, les villes et les villages, détruisant les maisons et les fruits de la terre. La misère devint telle en ce pauvre pays, que les habitants furent réduits à vivre d'herbes crues, à errer dans les champs, se cacher dans les ravins ou sous les buissons, pour ne pas livrer leur vie à ceux qui avaient détruit leurs demeures, et enlevé tout ce qu'ils possédaient. De cette famine résulta une peste qu'on appela le mal jaune, et de la peste, un fléau plus terrible encore.

Les loups, habitués à se nourrir de tous ces morts, que les vivants n'avaient plus la force d'enterrer, prirent goût à la chair humaine, et attaquèrent indistinctement tout ce qu'ils rencontrèrent. On les vit rôder autour des habitations en plein jour, y entrer pour chercher leur pâture, et guetter sur le seuil de celles où ils ne pouvaient pénétrer, qu'une proie vînt s'offrir à eux. On n'osait plus sortir qu'en troupes, et bien armés, et quand venait la nuit, les cris : Au loup ! ne cessaient de retentir. Ils avaient commencé par détruire tous les chiens, leurs ennemis les plus redoutables, et ils avaient bon marché des hommes demi-morts de faim et de douleur. On raconte qu'ils prenaient leurs victimes par la gorge, pour les empêcher de crier, et mettaient telles ruses dans leurs attaques, que le peuple crut n'avoir pas affaire à des animaux, mais à des soldats morts, auxquels Dieu aurait rendu l'existence, sous cette forme, pour affliger les vivants et les trépassés, et, dans sa naïveté, les appela Gens-Loups.

La Fontenelle, loin d'être touché de tant de maux, poursuivait le cours de ses sanglantes prouesses, marquant chacun de ses succès par des cruautés et infamies sans nombre, se riant des serments faits aux vaincus, et massacrant, après leur avoir fait subir mille outrages, ceux auxquels il avait promis la vie. Ce qu'il y a de plus honteux à dire, c'est que la terreur qu'il inspirait était si grande, que plus d'une fois il osa se présenter à la cour du duc de Mercœur, sans qu'on songeât à l'arrêter et à le punir de tant de crimes. Il résista longtemps aux troupes royales, et ce ne fut que lorsque Henri IV vint en Bretagne qu'il se soumit. Le roi lui pardonna, regardant comme faits de guerre tous les actes dont il s'était rendu coupable; mais quelques années après, il fut accusé de conspiration, et attaqué alors par quelques uns de ceux qu'il avait si indignement traités; il fut condamné au dernier supplice.

Henri IV ne quitta pas la Bretagne sans visiter sa bonne et fidèle ville de Rennes. Il fut si touché de la misère des pays qu'il traversait, misère qui pourtant était bien loin d'égaler celle de la Cornouaille, qu'il fit remise des sommes exigées pour frais de guerre, et diminua de moitié l'impôt sur les boissons. Les Etats, reconnaissants, lui votèrent, à titre de secours, une somme considérable, et offrirent à Sully dix-huit mille livres, que ce grand homme ne voulut point accepter.

On voit encore à Rennes la porte Mordelaize par laquelle chaque duc de Bretagne entrait dans sa bonne ville pour s'y faire sacrer. Il descendait à l'abbaye de Sainte-Mélanie; il y passait la nuit, et, le lendemain, dans l'après-midi, il en sortait vêtu de noir, et allait faire sa prière à Saint-Etienne. Montés sur de magnifiques chevaux, parés d'une housse d'écarlate, les princes le conduisaient jusque devant la porte Mordelaize, qu'ils trouvaient fermée. Le duc mettait pied à terre; l'évêque de Rennes, en habits pontificaux, accompagné des prélats, venait au devant de lui, et ouvrait le guichet et le pont-levis en demandant se qu'il voulait. Le duc répondait qu'il voulait entrer dans la ville. Alors il était reconnu pour le duc de Bretagne ; on lui faisait prêter, sur le livre des Evangiles, le serment d'usage, de garder les libertés et franchises de l'Eglise et de ses ministres, et de maintenir les droits, libertés et prérogatives de la noblesse et du tiers-état.

Ces cérémonies terminées, le duc se retirait dans une chambre qui lui avait été préparée, où il quittait l'habit noir pour le remplacer par l'habit ducal en drap d'or. Il rentrait par la grande porte, et entendait le service divin dans la cathédrale ; après quoi il se renfermait dans une chambre qui lui était préparée auprès de l'église, et y veillait toute la nuit. Le lendemain, au point du jour, il se retirait dans son logis, et vers les neuf heures, il en sortait vêtu d'une robe de pourpre fourrée d'hermine, et d'un manteau ducal également fourré, accompagné des grands officiers de Bretagne, tous en habits de cérémonie, des princes et des barons richement parés.

L'évêque et tout son chapitre, revêtus de leurs ornements pontificaux, le venaient recevoir à la porte de l'église et le conduisaient devant le grand autel. Quand il s'était agenouillé, l'évêque récitait les prières et les bénédictions accoutumées ; puis il lui mettait sur la tête un bonnet de velours couleur de pourpre, fourré d'hermine, et par dessus une riche couronne d'or à hauts fleurons, orné de pierreries.

En le coiffant de ce cercle ducal, il lui adressait ces paroles : « On vous donne, au nom de Dieu et de monseigneur saint Pierre, ce cercle, qui désigne que vous recevez de Dieu votre puissance, puisqu'étant rond, il n'a ni commencement ni fin. L'Eternel vous réserve une couronne plus durable dans le ciel, si vous remplissez vos devoirs en contribuant à l'exaltation de la foi et la tranquillité de l'Eglise de vos sujets. Vous jurez à Dieu et à monseigneur saint Pierre, sur les saints Evangiles et les saintes reliques qui sont ici, que vous conserverez les libertés, franchises, immunités et coutumes de l'Eglise, et que vous ne ferez aucun tort ni que vous ne serez point injuste à nous ni à vos autres sujets. » Le duc répondait : « Je le jure. »

Après le diadème, l'évêque remettait au duc l'épée nue, en lui disant : « On vous donne cette épée au nom de monseigneur saint Pierre, comme on l'a donnée aux rois et ducs vos prédécesseurs, en signe de justice, pour défendre l'Eglise et le peuple qui vous est commis en prince équitable. Dieu veuille que ce soit ainsi, et que vous en puissiez rendre vrai compte au jour du jugement, au sauvement de vous et dudit peuple. »

On conduisait alors le duc en procession à l'église de Notre-Dame-de la Cité, où il faisait sa prière ; puis on le ramenait à la cathédrale, où l'évêque célébrait la sainte messe. Le duc recevait ensuite les hommages de ses barons et les faisait asseoir à sa table.

En l'année 1310, Rennes vit diminuer sa population par une maladie épidémique qu'on nomma coqueluche. Elle causait, disent les auteurs du temps, une grande douleur à l'estomac, aux reins et aux jambes, accompagnée de fâcheux délires et d'un grand dégoût de toutes les viandes ainsi que du vin. On lui donna le nom de peste, tant la mortalité était grande. Elle contraignit les religieux de Sainte-Mélanie à se retirer dans l'abbaye du Trochet.

Je n'en finirais pas si je voulais vous faire l'histoire de tous les siéges qu'a soutenu la ville de Rennes, de toutes les guerres dont elle a eu à souffrir ; en sa qualité de capitale de la Bretagne, elle se trouve mêlée à toute l'histoire de cette province ; aussi, j'aurai plus d'une fois encore à vous en parler dans le cours de ce voyage historique que nous entreprenons.

Quittons donc cette ville, après avoir donné un coup-d'œil à sa population de trente mille âmes, aujourd'hui industrieuse et commerçante, et aux riches campagnes qui l'entourent. Le froment, l'orge, l'avoine, le sarrazin, le cidre et le miel en sont les principaux produits. Il ne faut pas, toutefois, oublier le beurre de la Prévalaye, qui jouit d'une réputation méritée, et qui se prépare dans les environs de Rennes.

MONUMENTS DRUIDIQUES.

Il existe dans le département d'Ille-et-Vilaine, dont Rennes est aujourd'hui chef-lieu, plusieurs monuments druidiques d'une grande dimension. Près de Grabusson, à sept lieues de Rennes, on voit un menhir formé d'un bloc de marbre de dix pieds de hauteur; un autre un peu moins élevé se trouve dans la forêt du Teil. Près de Cogueu, on en montre un qui n'a pas moins de vingt pieds, mais le plus remarquable de tous est celui qu'on nomme la Pierre-du-Champ-Dolens. C'est un bloc de granit élevé d'environ quarante pieds au-dessus du sol, et qui, large de trente pieds à fleur de terre, forme une sorte d'obélisque grossier, qu'on assure être du double de sa hauteur visible; car des fouilles faites jusqu'à dix mètres n'en ont pu atteindre la base. Ces menhirs ou peulvens marquaient les lieux destinés aux assemblées religieuses, présidées par les druides. Les dolmens étaient les pierres sur lesquelles s'accomplissaient les sacrifices; on en rencontre aussi plusieurs dans le département. Celui qu'on visite avec le plus d'intérêt est situé à peu de distance du village d'Essé-au Rouvray, à sept lieues de Vitré. Il est formé de quarante-deux blocs de schiste d'une couleur rougeâtre, recouverts par des mousses et des lichens. Il est long d'environ soixante pieds et large de douze. L'intérieur de ce monument, connu sous le nom de la Roche-aux-Fées, se divise en deux chambres qui, sans doute, ont vu s'accomplir les mystères des druides.

La forêt de Fougères a aussi deux dolmens remarquables. Celui qu'on appelle le Monument est une table de douze pieds de long, soutenue par dix pierres placées parallèlement, cinq de chaque côté. L'espace renfermée entre ces deux rangées de pierres forme une sorte de rue qui a trois pieds de largeur. L'autre, moins important, se nomme la Pierre-du-Trésor.

On ne peut contempler ces monuments sans se reporter par la pensée aux temps éloignés où tout un peuple les entourait en tremblant; sans voir debout, auprès de ces pierres consacrées, le druide couronné de verdure et drapé dans sa longue robe blanche; le barde, chantant sur sa rote les traditions religieuses du pays, et l'ovate, tenant en main le couteau de pierre du sacrificateur. On croit voir se dresser encore l'ombre de la prêtresse, qui, pâle, échevelée, les yeux sanglants, s'apprêtait à interroger l'agonie du supplicié, à lire dans la couleur de son sang, dans ses mouvements ou ses plaintes, les destins de la patrie. On s'explique la terreur qui courbait devant le prêtre le front des grands et du peuple, et l'on bénit du fond de son âme la bienfaisante et sublime doctrine d'amour et de pardon que le Sauveur du monde est venu substituer à ce culte terrible et aux turpitudes du paganisme.

VITRÉ.

De Rennes, rendons-nous à Vitré, aujourd'hui chef-lieu d'arrondissement, autrefois baronie indépendante. C'est une ville d'agréable aspect, ceinte de remparts gothiques, flanquée de tours rondes. Son ancien château aux tourelles aiguës, son clocher élevé, ses maisons à pignons d'ardoise, produisent un effet des plus pittoresques. L'intérieur de la ville ne répond pas à l'idée qu'on s'en fait lorsque, après avoir traversé d'admirables campagnes, on se dispose à y entrer : les rues en sont malpropres et les constructions irrégulières. L'église, placée sous l'invocation de Notre-Dame, est un ancien édifice; on remarque au-dehors de cette église, une chaire de pierre sculptée, d'où la parole sainte tombait jadis sur la population rassemblée devant le temple. Vitré fait le commerce de toiles, de flanelles, de bonneterie et de cuirs. On ne saurait visiter cette ville sans se rappeler le séjour que fit, sous le règne de Louis XIV, dans son habitation des Roches, madame de Sévigné,

> ....Cette femme immortelle,
> Qui, seule dans son art, sans rivaux ni modèle,
> Puisa tout son génie au foyer de son cœur ;
> Et qui, dans ses écrits, plutôt mère qu'auteur,
> Consacrant à sa fille et ses jours et ses veilles,
> Orna, sans y songer, le siècle de merveilles.

On montre encore aujourd'hui le cabinet où elle travaillait et son portrait, dont le fameux peintre Mignard est, dit-on, l'auteur.

Vitré a donné naissance à une célébrité d'un genre fort différent, qui va nous reporter à l'histoire de la Bretagne sous le règne de François II, son dernier duc : je veux parler de Pierre Landais. Il était fils d'un tailleur du faubourg du Rachat, et tailleur lui-même. De cette humble position, il sut s'élever au rang de grand trésorier du duc, ce qui était la première charge de l'État. Son génie le rendait digne de cette haute faveur, et si, à toutes ses grandes qualités, il eût joint ce qui fait l'honnête homme, la Bretagne le citerait comme un de ses plus illustres enfants. Mais c'était un esprit plein de ruse, et capable de tout pour mener à bien ses entreprises. Il apprit son état au service d'un tailleur du duc, et, ayant eu souvent l'occasion d'entrer dans ses appartements pour lui essayer des habits, il sut s'en faire remarquer comme un garçon plein d'intelligence, sur la discrétion duquel on pouvait compter. François le chargea de plusieurs commissions et finit par se l'attacher en qualité de valet ; puis, il en fit le maître de sa garde-robe, l'éleva à la dignité que nous avons nommée, et lui accorda une telle confiance, qu'il ne voyait plus que par ses yeux, au dire des historiens du temps. Louis XI régnait alors sur la France. Le projet de ce prince était, on le sait, d'abaisser l'orgueil des grands vassaux, et de réunir à sa couronne les beaux duchés de Bourgogne et de Bretagne. Il fit si bien, il développa tant d'habileté, ou, pour mieux dire, tant de perfidie, que le téméraire Charles de Bourgogne, pris dans le piége qu'il lui avait tendu, alla se faire tuer sous les murs de Nancy.

François II n'eût point opposé peut-être autant de résistance à Louis XI que Charles le Téméraire : mais la vaillante noblesse bretonne, mais la population toute entière, jalouse de sa nationalité, ne se laissa point subjuguer. Le duc de Bretagne entra des premiers dans la ligue du Bien-public, avec le consentement des Etats. Le duc de Berry, frère du roi, vint en Bretagne pour échauffer les esprits, et y fut suivi d'une foule de mécontents ; il se joignit à François, et, suivis de dix mille hommes. ils s'avancèrent vers la Loire, pour s'unir aux troupes du duc de Bourgogne ; mais Lous XI battit cette dernière armée, à Montlhéry, avant que la jonction préméditée eût pu s'effectuer. De là il retourna à Paris, où les Bretons et les Bourguignons vinrent l'assiéger. Trop faible pour résister à tant d'ennemis, il prit le parti de les diviser, et y réussit en comblant François II de faveurs apparentes ; mais en l'obligeant de faire hommage de ses Etats de Bretagne au duc de Berry, devenu duc de Normandie. Quand il vit les ennemis, il se déclara pour François II, et vint assiéger Rouen. Mais le duc de Bretagne reprit parti contre le duc, son ancien allié, et, redoutant la vengeance de Louis XI, s'assura l'appui de l'Angleterre, de la Savoie et du Danemarck. François fit quelques conquêtes ; mais il ne put les garder, et le traité d'Ancenis mit fin à cette guerre.

En 1472, une nouvelle ligue se forma contre le roi, qui sut la désunir comme la première, et enleva à François les plus puissants seigneurs de la Bretagne en les comblant de faveurs. Il y en eut, toutefois, qui reçurent des deux mains et prêtèrent une oreille à Louis et l'autre à François. C'était l'époque des intrigues et des perfidies; le roi en donnait l'exemple, et l'on ne se faisait pas faute d'imiter le roi. Le traité de Senlis rendit aux Etats la paix, que Louis, menacé par l'Angleterre, fut forcé de conclure. Le roi jura de renoncer à ses prétentions sur le duché de Bretagne; il jura également de ne prendre ni tuer et de ne consentir à ce qu'on prît ni tuât son beau cousin de Bretagne. François II fit le même serment : mais tous deux l'avaient déjà trahi dans le fond de leur cœur : le duc de Bretagne entretenant toujours des intelligences avec l'Angleterre, et Louis, qui en était instruit, préparant la conquête du duché. Ce serment avait été fait pourtant sur la vraie croix. Louis XI ne doutait pas qu'un tel parjure ne dût être puni de mort dans l'année; mais, pensant qu'il était des accommodements avec le ciel, il avait fait prononcer ce serment par un autre.

François II profita de cette paix momentanée pour épouser Marguerite de Foix, qui lui donna une fille en 1476. Cette fille reçut le nom d'Anne, et fut la dernière duchesse de Bretagne.

Revenons à Landais, que nous avons laissé de côté pour nous occuper de la situation de la France et de la Bretagne à cette époque. C'était grâce aux conseils de Landais que François rendait ruse pour ruse, trahison pour trahison. Il y avait cependant encore à la cour de Bretagne des hommes incapables de descendre à de telles bassesses ; de ce nombre était le chancelier Guillaume Chauvin, que François avait envoyé vers le roi pour l'assurer de sa fidélité, au moment même où il entretenait avec les Anglais les intelligences dont Louis avait les preuves en main. Lorsque Chauvin apprit de quel message menteur il avait été chargé, il en fut fort surpris, et vint apporter au duc les menaces de Louis, menaces qu'il promit de ne point tenir si François voulait lui jurer de nouveau amitié sur la vraie croix.

Ce serment ne fut pas plus religieusement observé que les autres, et sans doute une guerre cruelle eût succédé à toutes ces fourberies, si Louis XI ne fût mort en 1483.

Landais haïssait le chancelier Chauvin, dont l'intégrité, la droiture et le désintéressement faisaient mieux ressortir son caractère bas et rapace; il résolut de le perdre, et l'accusa, quelque temps avant la mort de Louis, de recevoir de l'argent du prince pour le tenir au courant des résolutions du duc de Bretagne. Rien n'était plus faux que cette accusation ; mais les juges de Chauvin, redoutant la vengeance de Landais, le déclarèrent coupable. Le chancelier fut traîné de prison en prison par les ordres de cet implacable ennemi, et mourut de misère et de chagrin en 1482.

Délivré du chancelier, Landais ne mit plus de bornes à ses audacieuses entreprises. Son insolence alla si loin que les seigneurs bretons, las de se voir humiliés par cet homme de basse naissance, s'unirent pour se débarrasser de lui. Tous leurs efforts échouèrent : aussi bien les accusations qu'ils portèrent contre lui que les tentatives contre sa vie. François soutint en tout son ministre, et parut redoubler de confiance et d'affection pour lui, à mesure que la haine des seigneurs s'augmentait. Il les déclara traîtres et rebelles ; leurs biens furent confisqués et leurs châteaux furent démolis. Le désir de la vengeance les porta à abandonner leur duc et à se tourner vers la France, contre laquelle ils avaient tant lutté. Ils s'engagèrent à soutenir les droits de Charles VIII, qui y régnait alors sous la tutelle de sa sœur Anne de Beaujeu, et à priver la princesse Anne de Bretagne de l'héritage de son père, quand la mort viendrait à le frapper.

Landais ne se déconcerta point et se prépara à tenir tête à la France et à la noblesse de Bretagne. Il accueillit le duc d'Orléans, depuis Louis XII, qui, furieux de n'avoir pas été nommé régent pendant la minorité du jeune Charles, avait déclaré la guerre à la dame de Beaujeu, et suscita pour adversaire à la France les plus puissants seigneurs du royaume. Les fidèles Bretons, appelés à la défense de leur duc, marchèrent contre ceux qui avaient signé avec Charles VIII le honteux traité qui lui livrait leur patrie. Quand les deux armées furent en présence, elles eurent horreur du combat entre frères, et les partisans du duc résolurent de sacrifier Landais, que ses crimes leur avaient rendu odieux, plutôt que de verser le sang de leurs concitoyens, et les deux troupes, naguère ennemies, se réconcilièrent. Le tailleur de Vitré essaya encore de tenir tête à l'orage ; il ordonna d'arrêter tous les nobles ; mais le chancelier, successeur de Chauvin, au lieu de signer cet ordre, donna celui d'arrêter Landais.

Le duc essaya de le défendre; mais le peuple irrité, menaçant de ne rien respecter si l'on ne consentait à livrer le ministre, François céda, à la condition toutefois que le trésorier serait jugé et non abandonné à ces furieux. Peu de jours après, le jugement fut prononcé, et Pierre Landais, condamné, subit le dernier supplice, à l'insu du duc, qui, sans nul doute, lui eût fait grâce, mais qui l'oublia bientôt.

Les ruines de la forteresse de Saint-André-du-Cormier, qu'on rencontre entre Rennes et Fougères, nous amènent à continuer l'histoire du dernier duc de Bretagne. François II, n'ayant point de postérité mâle, voulut assurer son héritage à sa fille Anne. Les États de Rennes proclamèrent les droits de cette princesse, et un grand nombre d'évêques et de seigneurs jurèrent sur le corps sacré de Jésus-Christ, sur la vraie croix, sur les Évangiles et maintes reliques vénérées, devant l'autel de Notre-Dame-de-Pitié, à Rennes, de servir fidèlement madame Anne, et, à défaut d'icelle, madame Isabeau, seconde fille du duc, et ceux à qui elles seraient mariées.

François II étant tombé malade quelque temps après, Charles VIII, auquel Louis XI son père avait transmis ses droits sur la Bretagne, droits qu'il avait achetés de la maison de Penthièvre, entreprit de les faire valoir. Le duc d'Orléans, toujours retiré à la cour de Bretagne, lui en fournit l'occasion, en liguant contre lui un grand nombre de seigneurs tant français qu'étrangers. Anne de Beaujeu voulut faire arrêter ce rebelle au château de Nantes; mais il en fut averti et regagna la cour de François. La guerre éclata alors. Les Français s'emparèrent de plusieurs places fortes; parmi eux marchaient les barons bretons que la faiblesse de François II et sa prédilection pour les étrangers avaient détachés de sa cause. La Trémouille mit le siége devant Nantes, où le duc s'était rendu avec ses deux filles. En vain les prétendants à la main de la duchesse Anne envoyèrent des troupes à son père, la bonne ville de Nantes allait succomber, pressée qu'elle était par les vaillants capitaines français. Le duc, au désespoir, s'engagea, si elle lui échappait, d'en faire faire un tableau en cire et de l'envoyer à l'église de l'Annonciade, à Florence. C'est qu'en effet le malheureux duc se trouvait en triste état : il avait été obligé d'abandonner le château avec les deux jeunes princesses, car c'était surtout vers cette royale demeure que se tournaient les efforts des assiégeants. La Vierge Marie ne fut pas sourde à ses cris de détresse, et ce fut le peuple de Bretagne qui délivra la ville de Nantes. La nouvelle du danger que courait François se répandit jusqu'aux extrémités de la province, et les paysans bas-bretons, plus fidèles que les seigneurs, s'armèrent pour venir au secours de leur duc. Ils firent grande diligence, et marchèrent nuit et jour, tantôt chantant les vieux refrains du pays, tantôt récitant dévotement leurs prières pour que Dieu bénît cette entreprise.

On ne sait pas quel était le chiffre de cette armée improvisée; un vieux chroniqueur assure qu'après avoir longtemps marché sous le soleil brûlant (on était alors à la fin de juillet), ils arrivèrent le soir auprès d'une petite rivière, sur les bords de laquelle ils s'assirent pour se reposer et se désaltérer. Ils en avaient grand besoin, les bonnes gens ; car, s'il faut en croire cet historien, quand, la halte finie, ils reprirent leur chemin vers Nantes, le lit de la rivière était à sec. Quand les assiégeants virent arriver cette troupe d'étrange aspect, d'armes et de costumes plus étranges encore, les Bas-Bretons ayant l'un une faux, l'autre une arbalète, la terreur se mit dans leurs rangs et, dès la première attaque de ces paysans, bien décidés à vaincre ou à mourir, ils s'éloignèrent de la ville qu'ils tenaient bloquée depuis sept semaines. Ils s'en vengèrent en s'emparant d'Aunay, de Vitré, de Saint-Aubin-du-Cormier, et de plusieurs autres places.

L'année suivante, la dame de Beaujeu envoya en Bretagne de nouveaux renforts, commandés par le brave La Trémouille. Après avoir pris quelques villes, il rencontra l'armée bretonne à Saint Aubin-du-Cormier. La victoire fut longtemps disputée;

mais, grâce à sa formidable artillerie, La Trémouille l'emporta. Le duc d'Orléans et le prince d'Orange furent faits prisonniers, ainsi qu'un grand nombre de gentilshommes. Le vainqueur les emmena à Saint-Aubin-du-Cormier, et les fit asseoir à sa table, avec une grande courtoisie. Le repas fini, il fit entrer deux moines de Saint-François, et les pria de confesser les gentilshommes présents, auxquels il annonça qu'ils eussent à se préparer à la mort, comme coupables du crime de lèze-majesté, et condamnés par sentence du parlement, à l'exception du duc d'Orléans et du prince d'Orange, sur le sort desquels il appartiendrait au roi de décider. Ces deux princes intercédèrent en vain pour ceux qui avaient combattu sous leurs ordres, ils furent tous décapités le soir même.

Disons, toutefois, qu'il s'est élevé des doutes sur la vérité de cette chronique, et que le noble caractère de La Trémouille le justifie pleinement. Toujours est-il qu'après cette bataille, le duc d'Orléans fut conduit à Burces, où il resta prisonnier pendant trois ans.

La Trémouille envoya des hérauts à Rennes, pour sommer le parlement de remettre cette ville au roi. Les députés du parlement leur répondirent fièrement que le roi n'avait aucun droit sur le duché de Bretagne; qu'il s'était engagé à faire la paix quand il serait maître de Fougères, et qu'il voulait aussi avoir Rennes; mais que dans cette bonne ville de Rennes, il y avait quarante mille hommes décidés à se bien défendre, et que le Seigneur de La Trémouille, avec toute son armée, la viendrait assiéger aussi vainement que l'année précédente on avait assiégé Nantes. « Retournez au seigneur de La Trémouille, ajoutèrent-ils, et luy faictes part de la joyeuse réponse que nous vous avons faicte, car de nous n'aurez autre chose. »

Il eût été peu sage de s'attaquer à des hommes si résolus; le général français le comprit, et alla s'emparer de Dinan et de Saint-Mâlo, où il trouva de grands trésors, les nobles du pays ayant cru y devoir mettre en sûreté ce qu'ils possédaient.

La paix fut signée la même année (1488). Charles VIII en

posa les conditions en vainqueur, réservant tous ses droits sur la Bretagne si François II mourait sans héritiers mâles, obligeant François à ne marier ses filles qu'au gré du roi, enfin à lui livrer les villes de Fougères, de Saint-Mâlo, de Dinan et de Saint-Aubin-du-Cormier.

François II ne put survivre à l'humiliation d'un tel traité, et, trois semaines après l'avoir signé, il laissa à sa fille aînée, Anne de Bretagne, alors âgée de onze ans, ses Etats, sur lesquels Charles VIII ne devait point tarder à faire valoir ses prétentions.

FOUGÈRES.

Fougères est une ancienne ville dont le nom se trouve mêlé à presque toutes les guerres dont la Bretagne a été le théâtre. Elle est située au milieu d'un magnifique paysage, étagée sur une belle colline, au pied de laquelle coule le Ranson. Elle est aujourd'hui industrielle et bien bâtie, plusieurs incendies en ayant dévoré les anciennes constructions. Pourtant les tourelles d'un château élevé par Raoul de Fougères la dominent encore. Elle a des eaux minérales renommées, et fabrique une grande quantité de toiles qui presque toutes se vendent en Espagne ou dans les colonies d'Amérique. C'est le siége d'une sous-préfecture.

Voilà Fougères moderne. Maintenant si nous voulons, en contemplant les tours gothiques de son vieux manoir, nous enquérir de ce qu'était celui qui les a élevées, nous nous trouverons en pleine invasion anglaise.

Conan IV, proclamé duc de Bretagne par les Etats de Rennes, rencontra de la part des seigneurs, divisés en plusieurs partis, une opposition qu'il résolut de vaincre, en appelant à son aide l'Angleterre. Henri II qui y régnait alors, répondit à cet appel qui favorisait son ambition, et força Conan de lui céder le comté de Nantes, et toutes les terres comprises entre la Loire et la Vilaine (1158). Eudes de Porhoët, beau-père de Conan, qui lui avait disputé le trône, et qui, vaincu par lui, s'était réfugié à la cour de France, la quitta à la nouvelle des dangers que courait son pays, et souleva la Cornouaille et le comté de Vannes contre celui qui n'avait pas craint d'ouvrir aux étrangers les portes de la Bretagne. Un grand nombre de seigneurs se joignirent à lui, et tous ensemble pillèrent et ravagèrent les terres du duc. Conan s'enfuit en Angleterre, et, pendant dix ans, les Anglais furent le fléau de la Bretagne. A la suite de ces guerres vint la famine, qui enleva le tiers de la population. Conan avait épousé Marguerite, sœur de Malcolm, roi d'Ecosse. Cette princesse lui donna une fille, qui fut nommée Constance, et fiancée à Geoffroi, troisième fils d'Henri II. Le roi d'Angleterre continua de dominer la Bretagne au nom de Geoffroi, et Conan alla mourir dans le comté de Guingamp, sans se soucier de reprendre le pouvoir dont il s'était si honteusement dessaisi.

La Bretagne n'avoit pas coubé, comme lui, la tête sous le joug étranger. Eudes de Porhoët avait formé une nouvelle ligue contre Henri II. Parmi les seigneurs qui s'y distinguèrent, le plus remarquable de tous fut Raoul II, baron de Fougères. Après avoir combattu pour Eudes, puis pour Conan, le seigneur de Fougères comprit que c'était seulement contre les Anglais qu'il devait tourner ses armes. Ces bandes étrangères qu'on appelait les Brabançons ou les Routiers, pillaient et saccageaient tout, Raoul s'enferma dans sa ville, bien décidé à la défendre contre leurs attaques. Il y fut si vivement pressé, qu'il se vit obligé d'en sortir et de l'abandonner à leur fureur

Mais il reparut bientôt à la tête d'une nouvelle armée, et battit les Anglais au lieu qu'on nomme encore aujourd'hui la Bataillère. Il reprit Fougères, en releva les remparts et fit creuser dans la forêt voisine les vastes souterrains, appelés maintenant Celliers de Landean. L'ouverture de ces souterrains a treize pieds de haut sur dix-neuf pieds de large. Raoul les destinait à recevoir l'argent et les meubles des habitants de

Fougères, afin que si la ville succombait, elle se trouvât à l'abri du pillage. Surpris par l'ennemi lorsqu'ils s'y rendaient, les bourgeois allaient être taillés en pièces quand Raoul s'élança à leurs secours. Il dispersa les Anglais, les poursuivit jusqu'à Dol, qu'il leur prit, les battit à Combourg et présenta, à la tête d'une poignée de braves, la bataille à l'armée anglaise. Ses compagnons se virent hacher autour de lui ; Raoul fit des prodiges de valeur et d'audace, et courut s'enfermer avec quarante cavaliers seulement dans la tour de Dol. Henri II vint en personne l'y attaquer, et Raoul se réfugia dans les bois, d'où il continua de harceler les Anglais.

Geoffroi, devenu duc de Bretagne, par son mariage avec Constance, fille de Conan, fit la guerre à Henri II son père, soutenu par les autres fils ingrats de ce monarque, et par Philippe-Auguste, roi de France. De son côté, Henri II pénétra, à main armée, dans les domaines de son fils, prit Rennes et réduisit une partie de cette ville en cendres. Ayant entrepris d'enlever l'Anjou à son père, Geoffroi se rendit à la cour du roi de France, où il reçut bon accueil et où il prit part à de nombreuses fêtes. Il y mourut, à la suite d'une chute de cheval faite dans un tournoi. Philippe-Auguste le fit enterrer devant le maître-autel de Notre Dame.

Il ne laissait que des filles ; mais quelque temps après sa mort, Constance, sa veuve, mit au monde un fils qui reçut le nom d'Arthur (1187). Henri II, qui ne voulait pas que ce beau duché cessât de dépendre de lui, et qui ne voyait pas sans inquiétude la joie avec laquelle les Bretons avaient accueilli la naissance d'Arthur, se hâta de repasser en Bretagne. Il amenait avec lui Ranulphe, qui lui était tout dévoué et lui fit épouser la duchesse Constance, que les Etats avaient déclarée souveraine pendant la minorité de son fils.

Ce Ranulphe descendait d'Ansfred, l'un des compagnons de guerre du fameux Rou ou Rollon, conquérant de la Normandie. Il fut nommé duc de Bretagne ; mais ses nouveaux sujets ne le regardèrent que comme un usurpateur, et, secondés par le roi de France, qui ne négligeait aucune occasion de se déclarer contre les Anglais, ils se révoltèrent. Henri II mourut sur ces entrefaites, et Richard-Cœur-de Lion, son successeur, marcha vers la Terre-Sainte, où se rendait aussi Philippe Auguste, son rival. Les seigneurs bretons qui volèrent au secours des chrétiens d'Orient furent nombreux et se rangèrent sous la bannière du roi de France, plutôt que sous celle du roi d'Angleterre. Avant de partir, Richard n'avait donné à Jean, son frère, qu'une très-petite portion de ses Etats, ce qui le fit surnommer Jean-sans-Terre; et dans ce partage, le jeune Arthur de Bretagne, qui, en qualité de fils de Geoffroi, devait prétendre à la succession d'Henri II fut tout-à-fait oublié.

Pendant un espace de trois cents ans, la ville de Fougères eut à souffrir, à plusieurs reprises, comme le reste de la Province, des guerres civiles et des invasions des Anglais. Cependant elle était florissante et bien peuplée, lorsqu'en 1448, les Anglais, qui occupaient Avranches, Saint-James de Beuvran et de Pontareau, entrèrent à main armée sur le territoire de Fougères, prirent et pillèrent la ville, d'où ils se répandirent dans tout le pays. Arthur de Richelieu, oncle du duc de Bretagne François Ier, était alors connétable de France et combattait vaillamment pour Charles VII, contre les Anglais, que la Pucelle d'Orléans n'avait pu chasser tout-à-fait du royaume. François demanda l'aide de la France, qui lui fut aussitôt accordée, et le vaillant connétable, suivi des armées bretonnes, enleva aux Anglais un grand nombre de places en Normandie, et vint mettre le siége devant Fougères, où ils tenaient garnison. La ville fut prise, et François exempta ses habitants, qui avaient si cruellement souffert de toute espèce d'impôts pendant vingt ans. Grâce à cette exemption, Fougères put se relever de ses ruines et redevenir riche et commerçante.

DOL.

En allant de Fougères à Saint-Mâlo, arrêtons-nous à Dol, où nous retrouverons d'anciens et nobles souvenirs. Cette petite ville, située au milieu de marais desséchés et devenus d'une extrême fertilité, n'a pour tout monument de sa gloire passée que sa vaste église, chef-d'œuvre d'architecture gothique, qui a perdu son titre de cathédrale. Au sixième siècle, Dol était la métropole de la Bretagne, et tous les évêques bretons étaient sacrés par son archevêque, et ne relevaient d'aucun siége étranger. Le premier de ces archevêques se nommait Samson; il est toutefois moins célèbre que celui de ses successeurs qui le premier après lui porta ce nom.

Après la mort d'Hoël le-Grand, l'un des héros de la Bretagne, cette province se trouva partagée entre ses fils. Canao, l'un d'eux, fit périr ses frères pour s'emparer de leurs Etats. Judual, héritier d'un de ces malheureux princes, se réfugia à la cour de Childebert, roi des Francs, et lui demanda ses secours contre le meurtrier de son père. Childebert lui fit de belles promesses et le retint auprès de lui. Les Bretons qui avaient mis leur espérance dans ce jeune prince, voyant que son absence durait si longtemps, supplièrent saint Samson, archevêque de Dol, de se rendre auprès du roi franc et de ramener Judual, mission que le saint accepta, dans l'intérêt de son pays. Mais la reine Ultrogathe, femme de Childebert, ne voulant point laisser le prince breton, résolut de faire mourir l'archevêque, qui le voulait réclamer. Childebert avait reçu Samson avec tous les honneurs dus à son rang et à sa réputation de sainteté. Il le fit asseoir à sa table, lui promettant de faire droit à la demande qu'il lui venait adresser. La reine, ayant gagné un des échansons du service, fit verser au prélat du vin empoisonné; mais comme elle se réjouissait déjà de le voir porter cette coupe à ses lèvres, voilà que le saint homme fait sur le breuvage qu'il va prendre le signe de la croix, et le verre se brise en couvrant de la liqueur mortelle la main du coupable échanson, sur laquelle se creuse aussitôt une horrible plaie. L'échanson se mit à jeter les hauts cris et à supplier le saint de lui pardonner. L'archevêque le réprimanda doucement du crime qu'il avait voulu commettre, l'engagea à s'en repentir, et pria pour que Dieu le guérît ; cè qui fut fait, au moyen du signe de la croix fait sur ce bras tout rongé d'ulcères. La reine, loin d'être effrayée et ramenée à de meilleurs sentiments par ce double prodige, avisa un autre moyen de se débarrasser de l'ambassadeur breton. Le lendemain, le roi et le prélat devaient se rendre auprès de Judual ; elle s'en vint trouver le premier écuyer de Childebert et lui fit don d'une grosse somme d'argent, pour qu'il amenât au saint tel cheval qu'elle lui désigna. C'était un fier animal, beau par excellence, disent les chroniqueurs, mais tellement indompté, qu'entreprendre de le monter c'était courir risque de la mort. L'écuyer obéit à la reine ; mais le saint, s'étant mis en selle après avoir fait le signe de la croix, dirigea son cheval avec autant de facilité que s'il avait eu affaire à la monture la plus docile, et arriva sans accident au terme de son voyage. La reine, pleine de dépit, persista dans ses coupables desseins ; et un jour que l'archevêque se promenait dans la cour du palais, elle fit lâcher contre lui un lion qu'on tenait enfermé dans une cave. L'animal s'avançait vers le saint et allait le dévorer ; mais par la vertu de ce même signe de la croix, sa fureur s'apaisa soudain, et après avoir léché humblement les mains de Samson, il se coucha à ses pieds comme eût pu faire le chien le plus soumis. La reine, insensible à ce nouveau prodige, assistait le lendemain à la messe que célébrait l'archevêque, et y assistait en causant et riant avec les dames de sa cour, lorsque la colère du Seigneur la frappa. Elle fut saisi d'un mal violent, dont elle mourut trois jours après (1).

(1) Nous ne voulons pas absolument garantir l'authenticité de ces faits, car plusieurs historiens font un très-grand éloge de la reine Ultrogothe.

On retrouve Judual en Bretagne, à la suite de Clotaire, roi des Francs, lorsque celui-ci y vint combattre Chramm, son fils, que Canao, roi des Bretons, soutenait dans une révolte. La bataille à la suite de laquelle ce fils rebelle fut fait prisonnier fut gagnée par Clotaire, non loin de Dol, en l'an 560. C'est là que, par ordre de son père, le malheureux et coupable Chramm fut enfermé, avec sa femme et ses enfants, dans une chaumière où l'on mit le feu. Canao étant mort dans la bataille, Judual lui succéda, mais sous le patronage des Francs.

A la fin du xe siècle, la ville de Dol fut ruinée par les Normands dans de singulières circonstances. Richard, duc de Normandie, pressé par le comte de Chartres, appela à son aide les hommes du Nord. Au lieu d'aborder où on les avait mandés, ces barbares débarquèrent sur les côtes de Bretagne, tout près de Dol. Les habitants de cette ville marchèrent à leur rencontre; mais, étant tombés dans une embuscade, ils furent taillés en pièces, et la cité, qu'ils ne pouvaient plus défendre, fut mise à feu et à sang. Les Normands, après cet exploit, se rembarquèrent pour la destination qu'ils avaient manquée, sans que le duc Richard fît droit aux réclamations des Bretons.

Nous avons dit plus haut que Dol était au vi[e] siècle la métropole de la Bretagne et que les quatre autres évêques de la province relevaient de son archevêque. Cette indépendance de l'Eglise bretonne fut l'objet de longues discussions et d'interminables procès. Ce ne fut que six cents ans après la mort de saint Samson que cette affaire fut décidée, et qu'à la prière de Philippe-Auguste, roi de France. Dol devint le siége d'un simple évêché, suffragant de la métropole de Tours, après avoir eu trente-neuf archevêques. Pour consoler la vieille province de la perte de ce privilége qu'on lui enlevait et pour lequel elle avait si longtemps lutté, on donna au jeune Arthur, duc de Bretagne, l'habit de Chanoine de Saint-Martin de Tours, en signe de l'autorité temporelle qui lui était conférée sur les évêques bretons, et le droit de siéger dans le chœur immédiatement après le roi de France.

SAINT-MALO. — SAINT-SERVAN. — CANCALE. — COMBOURG.

Le roi Hoël-le-Grand fonda, dit-on, l'an 520, l'évêché de cette ville pour y placer saint Malo, qui en devint le patron. Elle est bâtie en amphithéâtre sur un rocher dans une île qu'on appelait autrefois l'île d'Asron, et qui ne tient à la terre ferme que par une chaussée fortifiée qu'on appelle le sillon. De nombreux récifs obstruent l'entrée de la rade, et en rendent l'entrée très-difficile. Cette rade est défendue par sept forts, dont le principal qu'on nomme la Couchée, est dû au fameux Vauban, ingénieur et maréchal de France sous Louis XIV. Saint-Malo fut, à ce qu'on assure, fondé par les habitants d'Alette, aujourd'hui Saint-Servan, qui, trouvant leur cité trop exposée aux ravages des pirates, en bâtirent une nouvelle en un lieu presque imprenable. Le commerce enrichit bientôt ce port, peuplé de hardis marins. Les guerres dont nous avons parlé en diminuèrent momentanément la prospérité; dans ces guerres, les Maloins se distinguèrent toujours par leur courage et leur amour pour la liberté.

Assiégée et prise vers l'an 1322 par Olivier de Clisson, connétable de France mais Breton d'origine, dont nous aurons plus tard à raconter l'histoire; assiégée de nouveau par le duc Jean IV, auquel Clisson l'avait enlevée, cette ville, lasse de ces alternatives et se jugeant maîtresse absolue de son sort, se donna au pape, qui résidait alors à Avignon. Le pape reçut ce don et le transmit au roi de France. Elle rentra sous l'obéissance de Jean V, successeur de Jean IV; mais ce prince faillit la perdre une fois encore. La garnison qu'il y avait mise, oubliant la modération dont elle devait user envers cette population, l'exaspéra tellement que, tout d'une voix, les Malouins se donnèrent de nouveau au roi de France, Charles VI. Quelques temps après la mort de ce malheureux monarque, à la faveur les divisions des Bourguignons et des Armagnacs, les Anglais envahirent la Picardie et la Normandie. Jean V reçut cent mille francs et la ville de Saint Malo, pour marcher contre eux. Il arma six mille hommes, qu'il envoya à leur rencontre; mais la funeste bataille d'Azincourt venait d'être gagnée par Henri V, et la France allait être, jusqu'à l'apparition de Jeanne d'Arc, la proie des Anglais.

Puisque nous parlons de cette héroïne, n'oublions pas de rendre à Arthur de Richemont, connétable de France, issu de la maison ducale de Bretagne et appelé plus tard à gouverner cette province, la part qui lui revient dans les exploits de Jeanne, dont il continua vaillamment la tâche en poursuivant sans relâche les Anglais.

Les ducs bâtirent à Saint-Malo un château que la duchesse Anne fit fortifier, malgré la résistance de ses bourgeois et de son évêque. Au temps de la ligue, ces fiers Malouins résolurent de se débarrasser à la fois de ce château qui leur avait été imposé et des troupes du roi Henri IV qui l'occupaient. Pour arriver à ce but, les principaux meneurs répandirent le bruit qu'un immense trésor était caché dans la tour de la reine Anne. La nouvelle produisit son effet. Le soir même de ce jour, une cinquantaine d'hommes bien armés s'élancèrent aux murailles, et massacrèrent les sentinelles pendant que, sous la conduite des chefs du complot, une autre troupe enfonçait les portes de la citadelle et en taillait en pièces la garnison. Les Malouins, en accomplissant cette audacieuse entreprise, n'avaient cherché que leur indépendance et non l'avantage des ligueurs, car ils refusèrent de prendre parti pour le duc de Mercœur, et se constituèrent en République.

Toutefois, quand la Bretagne pacifiée eut reconnu Henri IV pour souverain, Saint-Malo renonça à ses prétentions, et l'on voit encore aujourd'hui le château et la tour d'Anne de Bretagne.

En 1665, Saint-Malo fut assiégé par une flotte anglaise, qui ne put triompher de son héroïque résistance. C'est aussi de ce port que sortirent tant de fameux corsaires, fléaux de la marine et du commerce anglais. Le plus célèbre de tous fut Dugay-Trouin, qui prit vingt navires de guerre, trois cents vaisseaux marchands, et s'empara de la capitale du Brésil. Dugay-Trouin jouit de toute la faveur de Louis XIV, faveur qu'il méritait assurément, autant par la générosité avec laquelle il mettait ses richesses à la disposition de ce monarque que par ses brillants exploits. Un autre navigateur malouin, Surcouf de Boisgris, se rendit célèbre, sous la République et sous l'Empire par ses courses intrépides et ses brillants exploits.

Le hardi navigateur Jacques Cartier, qui découvrit le Canada et en prit possession au nom de François Ier en l'an 1534, était né à Saint-Malo. Cette ville a donné naissance à un grand nombre d'hommes célèbres à divers titres; mais celui dont l'éclat éclipse les autres est, sans contredit, M. de Châteaubriand.

On montre à Saint-Malo la chambre où il est né; mais on montre surtout le tombeau où il a voulu reposer. C'est une petite île, ou plutôt un amas de rochers, battus par les vagues et surmontés d'une croix. Celui dont la vie fut si agitée et le génie si vaste, ne pouvait choisir un plus poétique et plus admirable tombeau.

Saint-Servan, situé à une demi-lieue de Saint-Malo, est, sans doute, l'ancienne ville d'Alette. Saint-Servan a deux ports séparés par un rocher sur lequel Guillaume-le-Conquérant fit bâtir la tour de Solidor, qui donne son nom à l'un de ses ports. L'autre s'appelle le port Saint-Père. Saint-Servan fait, comme Saint Malo, le cabotage et la pêche lointaine.

Cancale, à trois lieues de Saint-Malo, est un petit port sur la baie de Cancale. Cette baie, qui s'étend jusqu'à Grandville, abonde en poissons dont on fait un commerce considérable et surtout en huîtres très-renommées. Ces huîtres sont transportées au village d'Etretat, en Normandie; là elles sont déposées dans un parc, creusé en plein roc, où elles acquièrent une qualité supérieure à celle des autres huîtres pêchées sur ces côtes d'Etretat; elles sont expédiées soit pour Paris, soit pour l'Angleterre.

Après avoir parcouru cette belle plage, reprenons notre route vers le sud, pour regagner le département de la Loire-Inférieure que nous visiterons après celui de l'Ile-et-Vilaine.

Nous rencontrons d'abord Combourg, où s'est passé l'enfance de M. de Châteaubriand et dont il parle longuement dans ses mémoires d'outre-tombe, dans lesquels on retrouve l'esprit breton fier, indépendant et profondément religieux.

La forteresse d'Hédé et les ruines de plusieurs châteaux-forts rappellent les guerres qui tant de fois ravagèrent le pays : guerres anglaises, guerres normandes, guerres françaises, guerres civiles. Nulle province n'a plus vaillamment combattu pour sa liberté et sa nationalité; aussi toutes ces ruines sont-elles autant de titres de gloire.

MONTFORT. — TRISTE HISTOIRE DU JEUNE ARTHUR.

Montfort, situé sur la rivière de Meu, est une ville bâtie, dit-on, par les Romains, pendant qu'ils occupaient la Bretagne. Elle est environnée de remparts flanqués de tours et entourés de fossés larges et profonds. Elle fait le commerce de grains, de bois, de bestiaux, de beurre, de lin, et a des blanchisseries de toile. Sa population n'est que de quinze cents âmes.

Cette ville a beaucoup souffert pendant les guerres que déjà nous avons racontées, et, en recherchant son histoire, nous retrouverons celle de la Bretagne.

Florissante en 1197, elle fut brûlée par les seigneurs bretons, qui la punirent ainsi d'avoir ouvert ses portes à Richard, roi d'Angleterre, persécuteur de son neveu Arthur de Bretagne.

La vie de ce jeune prince et sa fin tragique étant un des plus émouvants épisodes de l'histoire du temps, je vais vous la raconter, mes jeunes amis.

Je vous ai dit déjà que la Bretagne entière, tremblant de passer sous le joug anglais, avait jeté des cris de joie à la naissance de ce prince, qu'elle croyait envoyé du ciel pour lui rendre sa splendeur. La duchesse Constance, sa mère, veuve de Geoffroi Plantagenet, le fit reconnaître pour duc, et se fit reconnaître elle-même pour régente par les états de Rennes, ce qui irrita fort Richard Cœur-de-Lion, dont l'ambition convoitait cette belle province. Pour s'en venger, il fit enlever Constance par Ranulfe de Chester, qu'il lui avait imposé pour époux et que la Bretagne haïssait. Ranulfe l'enferma dans le château de Saint-James-de-Beuvron, place située non loin d'Avranches, sur le territoire normand. Le jeune duc, privé de sa mère, vit accourir autour de lui ses fidèles barons et toute cette vaillante noblesse qui, prête à donner sa vie pour celle de cet enfant, députa vers la princesse Constance un prélat vénéré, Hubert, évêque de Rennes, pour savoir si l'on devait entreprendre de la délivrer. « Non, répondit la courageuse mère, il adviendra de moi ce qu'il plaira à Dieu, n'en prenez nul souci ; mais veillez sur mon fils et protégez-le contre tous ses ennemis. »

Sans tenir compte de cette généreuse réponse, les seigneurs bretons sommèrent Richard de rendre la liberté à la princesse. Le roi d'Angleterre promit de céder à leurs vœux ; mais sans fixer l'époque à laquelle il tiendrait parole. Il avait pour cela de bonnes raisons ; il voulait se mettre en devoir de n'avoir rien à craindre, s'il y manquait, chose à laquelle il était bien résolu. Quand les barons réclamèrent l'exécution de cette promesse royale, à laquelle ils avaient cru pouvoir se fier, Richard, pour toute réponse, envoya en Bretagne une multitude de soldats pillards, connus sous le nom de Brabançons, parce qu'un grand nombre d'entre eux venaient du pays du Brabant, et sous celui de Routiers, parce qu'ils faisaient métier de voleurs de grand chemin. On était alors au saint temps de Carême ; mais

Richard n'y prit point garde, ces soudards n'étant pas gens à se faire scrupule de si peu de chose, et semblait, au contraire, prendre plaisir à montrer qu'ils n'avaient aucune crainte de Dieu, aucun respect pour la religion ou ses ministres. On ne pourrait se faire une idée du carnage et de la désolation qu'ils laissèrent sur leur passage : ils ruinaient et brûlaient tout, les chaumières aussi bien que les châteaux; ils égorgeaient les moines et les prêtres, pillaient les couvents et les églises. C'est à ces milices terribles que la ville de Montfort avait eu le tort de se rendre, tort dont elle fut punie, afin que ce châtiment inspirât à toute place le courage de se bien défendre.

La bataille de Carhaix, gagnée par les Bretons, obligea ces hordes de brigands à la retraite. Mais la Bretagne eut à peine le temps de respirer. Les seigneurs et les évêques prièrent le roi de France, Philippe-Auguste, de recevoir sous sa garde leur jeune duc, ce que ce monarque, rival de Richard, accepta avec grande joie. Les armées de France et de Bretagne réunies battirent les troupes anglaises à Aumale, et Richard y courut risque de la vie; aussi, pour s'en venger, lança-t-il sur la Bretagne ce qui lui restait de soldats.

Pourtant sa colère s'apaisa, et les barons traitèrent avec cet ennemi, qui leur rendait Constance et reçut dans son camp le jeune Arthur qu'on avait redemandé au roi de France. Sur ces entrefaites, Richard mourut sans laisser d'enfants. Une partie de sa succession revenait de droit à son neveu ; Jean-sans-Terre s'empara du trône d'Angleterre et de la Normandie. Quant aux autres provinces que Cœur-de-Lion avait possédées sur le continent, elles reconnurent Arthur pour souverain. Mais Philippe-Auguste veillait, et, jaloux de rattacher ces beaux domaines à sa couronne, il ne secourut que bien faiblement le jeune prince, auquel il avait promis son aide pour résister à Jean-sans-Terre.

Peu de temps après, il lui retira même cette ombre de protection qu'il lui avait accordée, et fit la paix avec l'Angleterre. Arthur, abandonné, fut obligé de faire hommage à son oncle de son duché de Bretagne, et de lui rendre le Maine, la Touraine et l'Anjou. Une des conditions de ce traité, conclu à Boutavant, portait que, si Jean mourait sans enfants, Philippe héritait de toutes les terres qu'il possédait sur le continent. Comme on le voit, le roi de France songeait bien plus à ses propres intérêts qu'à ceux du jeune duc de Bretagne, dont il avait en quelque sorte accepté la tutelle.

Pour comble de malheur, Arthur perdit sa mère Constance, qui, toutefois, s'occupait peu des affaires depuis qu'elle avait contracté un troisième mariage. Elle laissa à Guy de Thouars, sur lequel s'était fixé son choix, deux filles : Eléonore et Alix. On prétend qu'elle mourut de la lèpre, maladie que les croisés avaient rapporté d'Orient.

Arthur ne se découragea point, et dignement résolu de faire face à tous les événements, et de reconquérir par son épée les domaines dont on le frustrait avec tant d'injustice, il alla se faire couronner à Rennes, au milieu des transports de joie de la population qui l'aimait pour ses malheurs autant que pour les brillantes qualités qu'il annonçait, et qui continuait de placer en lui toutes ses espérances.

Une des croyances de l'époque était que ce jeune prince serait le sauveur de la Bretagne, qu'il l'affranchirait de tout joug, la rendrait glorieuse, et la ferait jouir d'une prospérité que depuis bien des siècles elle ne connaissait plus. La superstition s'en mêlait si bien, que les Bretons se persuadaient que cet enfant n'était autre qu'un fameux guerrier, célèbre dans leurs vieilles légendes, et compagnon d'Hoël-le-Grand, qui avait, lui aussi, porté le nom d'Arthur, et qui, blessé dans un combat, avait été guéri par les fées, et revenait pour achever son œuvre.

En 1202, Philippe et Jean se brouillèrent. Philippe somma le roi d'Angleterre, son vassal, de comparaître devant lui dans la quinzaine d'après Pâques, et lui ordonna en même temps de rendre à son neveu de Bretagne toutes ses terres de Normandie, d'Anjou, de Touraine et du Poitou. Jean n'ayant pas comparu, le monarque français assembla tous les grands de son royaume, et les prenant à témoin de la félonie de son homme-lige, lui déclara la guerre, et marcha sur la Normandie.

Arthur, qui avait quinze ans alors, demanda d'être armé chevalier, faveur que lui accorda le roi de France. Arthur lui fit hommage de la Touraine et du Poitou, qu'il allait essayer d'enlever à son oncle d'Angleterre. Quant à la Normandie, dont Philippe l'avait aussi investi, l'hommage du jeune prince fut ainsi conçu : Pour ce qui regarde ma Normandie, nous sommes convenus que Monseigneur le roi de France gardera ce qu'il lui plaira de tout ce qu'il a pris jusqu'à ce jour, et de tout ce qu'il pourra prendre encore, avec le secours de Dieu.

Philippe donna à Arthur une forte somme d'argent, deux cents hommes d'armes, et l'envoya conquérir le Poitou.

Deux cents hommes d'armes, c'était bien peu ; mais la Bretagne, toute dévouée à son duc, lui envoya cinq cents chevaliers et quatre mille hommes de pied. Quel bonheur pour le jeune prince ! Plein d'enthousiasme, comme on l'est à son âge, il n'attend pas que toutes ces troupes soient venues se ranger sous son étendard, il veut montrer qu'il est digne de cette fortune qui lui sourit enfin. Il court assiéger la ville de Mirebeau, où Aliénor, mère de Jean-sans-Terre, et son aïeule à lui, s'était retirée. Aliénor, loin d'avoir pour Arthur des sentiments maternels, le haïssait, et lui avait souvent causé des embarras et de grands préjudices ; le jeune prince espérait, par le respect qu'il lui témoignerait quand elle serait en son pouvoir, lui inspirer quelque tendresse, et du moins, s'il n'y réussissait pas, la mettre hors d'état de lui nuire.

La place ne put résister à sa bouillante valeur, il s'en rendit maître avant que Jean eût pu le joindre ; mais la tour dans laquelle Aliénor s'était réfugiée, tint plus longtemps, et le roi d'Angleterre étant arrivé avec son armée, Arthur se trouva assiégé lui-même. Il fit bonne contenance cependant, et Jean, commençant à perdre patience, manda dans sa tente Guillaume des Roches, qu'il savait avoir des intelligences avec les troupes bretonnes. Prenant un air de bonté et de tristesse, il lui damanda si ce n'était point une grande calamité de voir un oncle et un neveu verser le sang de tant de braves gens, tandis qu'il leur serait possible de se bien entendre. Là-dessus, il fit grand éloge du jeune Arthur, assurant qu'il serait un jour l'honneur de la chevalerie, et témoignant pour lui une extrême bienveillance. Et quand Guillaume fut tombé d'accord avec lui de la vérité de toutes ces choses, le prince lui demanda s'il n'aurait pas dans l'armée bretonne quelque ami qui pût donner au jeune duc un sage conseil, et aider au rétablissement de la paix, troublée au grand scandale de tous, entre des parents faits pour s'estimer et s'aimer.

Guillaume fut la dupe de ces belles paroles, et le roi, le voyant irrésolu, lui offrit en récompense de ce service qu'il lui devait rendre, honneurs et richesse en son royaume d'Angleterre. Des Roches refusa, et demanda seulement à Jean de lui accorder ce qu'il lui demanderait, moyennant quoi, lui, Guillaume des Roches s'engagerait à lui remettre, dès le lendemain, son beau neveu de Bretagne entre les mains. Jean, à cette assurance, dissimula sa joie, et jura Dieu et tous les saints que, quoique Guillaume pût exiger, il serait pleinement satisfait. Celui-ci alors posa les conditions suivantes : Monseigneur Arthur serait traité et choyé par le roi, comme bon et honorable neveu ; aucun des seigneurs ou hommes d'armes de sa suite ne serait emprisonné ou envoyé à la mort ; enfin les grands de la cour seraient appelés à décider de ce qui devait appartenir au duc de Bretagne, et ce qu'ils lui reconnaîtraient lui serait aussitôt livré.

Jean jura de nouveau que ce pacte serait fidèlement observé, et déclara que, s'il venait à y manquer, il consentait à ce que tous ses vassaux fussent déliés envers lui de leur serment de fidélité.

Guillaume, comptant sur cette parole, s'introduisit dans le camp d'Arthur, et ouvrit à Jean-sans Terre les portes de Mirebeau, où le jeune duc et tous les chevaliers qui l'accompagnaient furent faits prisonniers. Lorsque des Roches alla demander au roi de tenir la solennelle promesse qu'il lui avait faite, Jean se prit à rire; car il n'avait jamais eu la pensée de s'en rappeler un mot. Maintenant qu'il tenait son beau neveu, et n'avait plus besoin de secours de personne, tous ses vœux étaient comblés. Guillaume, indigné de tant de déloyauté, quitta le roi d'Angleterre, et alla offrir ses services à Philippe-Auguste. Mais le souvenir du jeune prince à la perte duquel il avait si malheureusement contribué, le poursuivait partout, ne lui laissait aucun repos. Il eût donné sans regret sa vie pour racheter l'action qu'il avait commise; car il prévoyait bien ce qu'il adviendrait de ce pauvre enfant livré à son plus cruel ennemi. Ne pouvant rien pour l'arracher à ce funeste sort, il quitta le monde qui lui était odieux, et s'en alla vivre loin des hommes, uniquement occupé de prier Dieu de lui pardonner et de prendre pitié du jeune prince.

Vingt-deux des principaux seigneurs bretons pris à Mirebeau furent enfermés au château de Corf, où on les laissa mourir de faim, et les autres furent dispersés dans les prisons de Normandie. Quant à Arthur, il fut conduit au château de Falaise, et enfermé dans un cachot. On lui mit les fers aux pieds et aux mains, et on le garda à vue.

Jean le visita plusieurs fois pour obtenir qu'il renonçât aux domaines qu'il possédait. A ce prix, il s'engageait à lui pardonner; mais si cruelle que fût cette captivité pour Arthur, qui avait rêvé tant de gloire et tant de bonheur, il refusa noblement de se dessaisir de l'héritage de son père, assurant qu'il aimerait mieux mourir que de commettre cette lâcheté.

Sans le savoir, il prononçait sa sentence; car Jean n'était pas homme à se laisser toucher par la grandeur d'âme du prince, non plus que par la beauté et la douleur du jeune homme. Non-seulement il détestait son neveu, mais il le craignait. Arthur était brave, il était aimé des Bretons; fiancé à la princesse Marie, fille de Philippe-Auguste, les plus beaux domaines que convoitait son oncle lui appartenait; et, de plus, il avait des droits à la couronne d'Angleterre, comme fils de Geoffroi Plantagenet, frère aîné de Jean. Le duc de Bretagne ne pouvait donc échapper à la mort. Dès que le projet de se débarrasser de lui fut arrêté dans l'esprit du roi, il se mit en quête d'assassins, promettant à celui des seigneurs de sa cour qui voudrait se charger d'accomplir cet acte toutes sortes de faveurs. Mais tous se défendirent de faire périr un jeune homme sans défense, presque un enfant; et Jean vit même s'éloigner de lui plusieurs de ses courtisans, révoltés d'une telle proposition.

Ne pouvant corrompre aucun de ses barons, il s'adressa à quelques écuyers qui, vaincus par ses instances et par son or, entrèrent dans la tour sous le prétexte de consoler Arthur; mais, en réalité, pour lui crever les yeux.

Le prince, sans défiance, les accueille comme des amis, et les remercie d'avoir éprouvé pour lui quelque intérêt; il s'accoutume à les voir, et trouve quelque distraction avec eux. Pourtant, il faut qu'ils agissent, le roi les presse. Ils en font l'aveu à Arthur et se préparent à exécuter leur horrible mission. Le jeune homme, saisi d'effroi, se jette à leurs pieds et les conjure avec larmes de ne point le maltraiter ainsi; il leur rappelle son affection, ses bontés; leur cœur s'attendrit... Ils hésitent... ils pleurent... Arthur est sauvé.

Mais ce n'était pas là ce que voulait Jean. Ne trouvant pas de bourreaux assez impitoyable, il se décide à n'avoir plus recours qu'à lui-même; il se présente au château de Falaise, et réclame du gouverneur Arthur de Bretagne, son neveu. Il n'y avait qu'à obéir. Le gouverneur lui remet le jeune prince, en prenant à témoin tous les barons qui accompagnent le roi que monseigneur Arthur est sorti sain et sauf de ses mains, et qu'il est innocent de tout le mal qui pourrait lui être fait. Jean fait conduire le duc à Rouen, et le fait enfermer en une tour au bord de la Seine.

Quant à lui, il entra en Bretagne à la tête de son armée, et y guerroya jusqu'à ce que Philippe-Auguste l'attaquant, il lui fallut se tourner contre ce redoutable ennemi. Il fut vaincu à différentes reprises; et, ces revers augmentant sa haine contre

Arthur, il résolut d'en finir. Ne prenant avec lui qu'un écuyer, il s'en vint à la forêt de Moulineau, au dessus de Rouen, et y passa la journée. A mesure que l'heure fixée pour le crime avançait, Jean sentait l'épouvante le saisir. « N'aurais-je pas plus de cœur que les autres? » se demanda-t-il. Et, pour se donner de la résolution, il s'enivra.

La nuit venue, il monta en bateau avec son écuyer, et se rendit au pied de la tour où le duc de Bretagne était gardé. Maulac, c'était le nom de cet écuyer, mit pied à terre, et, se faisant reconnaître du geôlier, pénétra auprès du jeune prince, qu'il invita à le suivre.

Arthur crut que c'était la liberté, tant pleurée, qu'on lui apportait, et, faible, souffrant, brisé par les chagrins qu'il avait endurés, mais plein de joie et d'espérance, il marcha sur les pas de l'écuyer. Lorsqu'il franchit le seuil de la tour, qu'il put respirer l'air pur de la nuit, lorsqu'il revit les étoiles qui çà et là perçaient les nuages, il voulut se jeter aux pieds de son libérateur; mais ses regards tombèrent sur la barque qui se balançait au rivage, et, au lieu d'un visage ami qu'il s'attendait à y voir, il reconnut son oncle. Un frisson secoua tous ses membres; il essaya de retourner sur ses pas et de chercher contre son persécuteur un abri dans cette prison où il avait tant souffert. La porte s'était refermée...

Jean, voyant sa terreur, et craignant qu'il ne lui échappât, s'efforça de le rassurer. « N'ayez nulle crainte, beau neveu, lui dit il, je vous ai trop longtemps détenu : je viens vous rendre la liberté et vous veux conduire moi-même en votre duché de Bretagne. » En même temps il lui tendait la main et l'aidait à entrer dans la barque; car le jeune Arthur, si beau, si fort, si hardi naguère, n'était plus que l'ombre de lui-même et pouvait à peine se soutenir.

En proie à de sinistres pressentiments, le duc lève les yeux vers son oncle pour recueillir sur son visage un sourire de bonté qui vienne confirmer de telles paroles; mais un rire diabolique contracte les lèvres de Jean, et ses yeux lancent des éclairs. Arthur comprend qu'il est perdu. Tous ses beaux rêves d'avenir, toutes ses douces espérances lui reviennent en pensée; il revoit sa belle Bretagne, sa cour brillante, ses barons dévoués, et il se trouve là seul et sans défense, devant son mortel ennemi. Il songe aux glorieuses destinées qui tant de fois lui ont souri, et il va mourir... Oh! non... il ne mourra pas... il ne veut pas mourir... Cet homme dont l'œil le menace, c'est son oncle, c'est celui qui devrait l'aimer et le protéger... Il se jette à ses genoux, les embrasse, le supplie d'avoir pitié de sa jeunesse... Jean ne répond pas, et la barque glisse rapidement sur les flots.

On arrive auprès de la forêt où le roi s'est caché comme un larron en attendant les ténèbres, et Maulac cesse de ramer. Jean tire son épée. Arthur redouble ses prières, il pleure, il se traîne aux pieds de son bourreau... il lui offre sa couronne, et ne demande plus que la vie... C'est une si cruelle chose de mourir ainsi, lorsqu'on a dix-sept ans! Jean se trouble; mais de peur que ses larmes ne trouvent le chemin de son cœur, il se hâte, et, saisissant le pauvre enfant par les cheveux, il le renverse, le perce de son glaive, et lui en assène un furieux coup sur la tête. Maulac, saisi d'horreur, s'était jeté à genoux à l'autre extrémité de la barque. De crainte que sa victime ne puisse encore lui échapper, Jean se saisit d'une énorme pierre et l'attache au cou du cadavre, qu'il précipite dans la Seine, et va retrouver son armée.

Le lendemain, des pêcheurs ramenèrent dans leurs filets le corps du jeune prince, et le transportèrent dans un prieuré dépendant de l'abbaye du Bec. Les religieux le reçurent et l'inhumèrent pieusement, mais en secret, dans l'église de Notre-Dame-du-Pré.

Cet horrible crime ne profita point à celui qui l'avait commis. La nouvelle s'en répandit promptement, tant à la cour de France qu'au sein de la Bretagne consternée. Les états s'assemblèrent en toute hâte à Vannes, et conférèrent le pouvoir à Guy de Thouars, veuf de la duchesse Constance, à titre de tuteur d'Alix, sa fille; la princesse Eléonore, sœur aînée d'Arthur, à qui appartenait le duché, étant entre les mains des Anglais.

De son côté, Philippe-Auguste ne resta pas inactif. L'occasion était bonne pour dépouiller Jean-sans-Terre, il en profita. Il convoqua aussitôt les pairs du royaume, et cita devant leur tribunal le roi d'Angleterre, vassal de la couronne de France. Jean ne comparut point; mais il fut condamné à la mort et à la confiscation de tous ses biens. La première partie de la sentence ne put être exécutée; mais Philippe-Auguste se chargea de la seconde, et fit rentrer sous l'obéissance des rois de France le Maine, la Touraine, l'Anjou, le Poitou et la Normandie. Puis il maria la jeune princesse Alix à Pierre de Dreux, plus connu sous le nom de Pierre Mauclerc, et se fit rendre hommage du duché de Bretagne.

Pierre Mauclerc, blessé pendant la première croisade de saint Louis, tombé aux mains des infidèles, et racheté par ce prince, mourut sur mer en revenant en Bretagne.

REDON.

Cette ville, située au pied d'une montagne, à une certaine distance de la mer, a cependant sur la Vilaine un beau port où remontent les navires de deux cents tonneaux. Elle a de vastes ateliers pour la fabrication des vaisseaux, et sert d'entrepôt aux eaux-de-vie et aux vins que fournit le midi de la France. L'église de Saint-Sauveur est remarquable par la hardiesse de son clocher et la beauté de ses sculptures. C'est un monument fort ancien, car dès l'an 1462, Louis XI, qui voulait imposer sa volonté au duc de Bretagne et à tous les personnages importants de ce duché, entreprit de marier Françoise d'Amboise, veuve de Pierre II, au duc de Savoie. Françoise, qui depuis son veuvage, n'avait d'autre occupation que la prière, l'aumône et l'édification d'un grand nombre d'églises et de monastères, refusa l'époux que le roi lui offrait. Louis XI, on le sait, n'aimait point à être contredit, et quand il craignait de ne pouvoir arriver à ses fins par la force, il employait la ruse. Il prétexta donc un pèlerinage à Saint-Sauveur-de-Redon pour s'emparer de la personne de Françoise ; mais ce fut en vain. La sainte princesse, avertie de son dessein, et protégée par le duc de Bretagne, qui rendait hommage à ses hautes vertus, sut échapper à ses recherches.

Vous vous étonnez peut-être, mes jeunes lecteurs, de ce que, sous le voile hypocrite d'une pieuse démarche, on cache de méchants projets, et vous avez raison : car c'est, en quelque sorte, choisir Dieu pour complice du mal qu'on médite. Mais vous savez que Louis XI était tout à la fois superstitieux à l'excès, et fourbe à vouloir tromper Dieu lui-même, qu'il portait à son chapeau des reliques et des images ; qu'il invoquait sans cesse Notre-Dame d'Embrun, sa bonne patronne, et ne laissait pas d'offenser chaque jour cette divine vierge par des actes de violence et de cruauté. Toutefois si, craignant Dieu et invoquant la sainte Vierge, il se rendit coupable de tant de crimes, qu'eût-il fait sans cette crainte et sans cette dévotion ? A part tout ce qu'on est en droit de lui reprocher, ce monarque si rusé, ce politique si habile, laissa la France plus forte et plus glorieuse qu'il ne l'avait trouvée ; il abaissa le pouvoir des grands vassaux de la couronne, et prépara l'unité de la monarchie

Nous avons vu, en parlant de Landais, le tailleur de Vitré, les luttes entre Louis XI et François II, duc de Bretagne, luttes dans lesquelles François eût fini par succomber, si la mort n'eût enlevé son terrible adversaire. Nous ne nous en occuperons pas davantage, et, après avoir jeté un dernier coup d'œil à cette belle église de Saint-Sauveur, qui nous a emmené à nommer Louis XI, et au mouvement que donne à l'industrie de cette petite ville de trois mille habitants les nombreux navires qui, chaque jour, entrent dans son port, nous quitterons Redon et le département d'Ile-et-Vilaine, pour entrer dans celui de la Loire Inférieure.

Ces deux départements sont ceux dans lesquels se retrouve au moindre degré l'esprit breton. Ils se sont plus civilisés que le reste de la province, ou, pour mieux dire, plus francisés. Les vieilles mœurs, les antiques coutumes s'y sont peu à peu effacés ; tandis qu'elles ont gardé toute la naïveté primitive dans cette autre partie de la Bretagne qui s'étend entre la mer du Nord et de l'Océan.

Outre les grands hommes que nous avons nommés dans les différents récits que nous avons faits, on doit citer, comme appartenant au département de l'Ile-et-Vilaine, le prince Eugène Beauharnais, fils adoptif de l'empereur Napoléon ; le maréchal de Vauban, qui fortifia la plus grande partie de nos places de guerre, l'abbé de Lammenais, et le fameux médecin Broussais.

NANTES.

La fondation de Nantes remonte, dit-on, au-delà de l'envahissement de la province par les Cimmériens, nos Bretons d'aujourd'hui. Toutefois, ce n'était qu'une simple bourgade, qu'augmentèrent les Nannètes lorsqu'ils en firent leur capitale. Après la conquête de l'Amérique, par Jules-César, les Romains, comprenant les avantages qu'on pouvait tirer de la situation de cette ville, l'embellirent et en firent le centre de leur commerce et l'entrepôt des métaux de cette province et de l'île de Bretagne, qu'ils allaient échanger, à Marseille et à Rome, contre les riches étoffes de l'Orient.

Mais Nantes ne devint réellement considérable que sous l'épiscopat de saint Félix. Ce grand homme, après avoir sauvé la ville des ravages de Clotaire, alors armé, comme nous l'avons dit, contre son fils Chramm, que Canao, roi de Bretagne, soutenait, resta maître de ce pays, qu'il fut charmé d'administrer au nom de ce même Clotaire dont il avait apaisé le courroux.

Le saint évêque, doué d'un rare génie, fit exécuter à Nantes d'immenses travaux. Il détourna le cours de plusieurs rivières, et de la Loire en particulier, car Nantes en était alors éloignée de plusieurs lieues ; il fit élever des chaussées, creusa des canaux, construisit des routes, établit des moulins dont le pays manquait. Aussi, n'est-il pas d'éloges que ne lui donnent les écrivains du temps.

Après s'être occupé avec tant de zèle et de bonheur du bien être de la population confiée à ses soins, Félix, jaloux d'élever à la gloire de Dieu un magnifique monument, jeta les fondements de la cathédrale, et en pressa tellement les travaux, qu'elle fut achevée en l'an 860. Cette église était d'une rare magnificence, s'il faut en croire la description des anciens. « Le vaisseau était, disent-ils si superbe en sa structure et riche en ornements et en parures, qu'il ne s'en trouvait point de pareil en toute la France. Toutes les parois en dedans étaient revêtues d'images et de peintures très-riches, faites à la mosaïque. La voûte, toute azurée et semée de grosses étoiles d'or, représentait le firmament. Tout le bâtiment était recouvert d'étain si fin et si brillant, qu'aux rayons du soleil ou de la lune il ressemblait à de l'argent. Elle avait trois tours pyramidales, dans lesquelles on voyait un grand nombre de cloches, grosses et menues. Les tables des autels ainsi que leurs colonnes étaient de marbre poli de diverses couleurs ; les arcades et les voûtes étaient enrichies de figures pétries de stuc et de plâtre tout doré, supportées par des piliers de marbre. Au milieu du temple, sur une haute colonne de marbre, était placé un crucifix d'or massif, dont la ceinture « estait d'un riche drap tout grêlé et battu de pierreries d'un prix inestimable. » Sur une autre colonne de marbre brillait une escarboucle si grosse, qu'elle rendait une admirable clarté pendant la nuit. Le pavé, de marbre de couleurs variées, réjouissait la vue.

Les calices, croix, piscines, chandeliers, et tout ce qui servait au service du saint lieu, était d'or ou d'argent, et tous les ornements des prêtres des plus précieuses étoffes qu'il fût possible de trouver.

Cette cathédrale était située au lieu même où fut bâtie, au xe siècle, celle qui, sans être aussi magnifique que sa devancière, mérite cependant l'admiration des visiteurs. Arrêtons-nous y un instant pour contempler ce que peuvent les patients efforts de l'homme, soutenu par la pensée religieuse, et disons que c'est à peu près à cette époque qu'on peut rapporter l'origine d'une grande partie de ces basiliques, dont la masse imposante, l'architecture hardie et les merveilleux détails nous étonnent et nous ravissent. Quand le xe siècle fut près de finir, les hommes attendirent avec angoisse la dernière heure du monde ; car une croyance généralement répandue n'assignait à notre terre que mille ans de durée après la venue du Rédempteur.

Pendant que les uns, cherchant à s'étourdir sur cette fin prochaine de l'univers, dont ils allaient avoir l'effrayant tableau sous les yeux, se livraient aux fêtes, aux plaisirs, à la bonne chère ; les autres, et c'était le plus grand nombre, faisaient pénitence de leurs péchés, et employaient, à bâtir des temples à l'Eternel, les richesses dont il allait bientôt leur demander compte. A mesure que l'heure approchait, la crainte dont chacun était saisi s'augmentait, et le dernier jour de l'année 999 dut voir bien des repentirs, entendre bien des *meâ culpâ*, mais moins encore peut-être que celui qui lui succéda n'entendit de cantiques d'actions de grâces. Dieu prolongeait donc l'existence de ce monde qui l'avait imploré, il prenait pitié de l'univers, et voulait laisser aux chrétiens le temps d'exécuter les bonnes résolutions que la pensée d'une mort imminente leur avait suggérées. Chose étrange pour qui connaît l'instabilité et l'ingratitude des hommes ! L'impression causée par cette attente ne s'effaça point aussitôt que le danger se fut éloigné, mais, au lieu des larmes de douleur, silencieusement versées en présence des autels, ce furent des cris et des transports de joie, ce fut un enthousiasme si grand que de toutes parts on vit surgir, comme un hommage à la clémence divine, ces hardis clochers, ces belles ogives, ces merveilleuses rosaces, que le ciseau de l'artiste se mit à déchiqueter et à orner avec amour.

La cathédrale de Nantes possède le tombeau de François II, dernier duc de Bretagne, et de Marguerite de Foix, son épouse. Ce monument est connu sous le nom de tombeau des Carmes, parce qu'il fut transporté de l'ancienne église de ce nom dans celle où on le voit aujourd'hui. Ce magnifique mausolée, chef-d'œuvre de Michel Columb, fut exécuté en 1507, d'après les ordres d'Anne de Bretagne, dernière duchesse de cette province, et reine de France. Il est en marbre blanc, noir, rouge et vert, et a plus de cinq pieds d'élévation. Il repose sur un socle en marbre blanc, couvert d'une mosaïque représentant des hermines à la lettre F entrelacées. Il est orné de quarante-trois statues en marbre, dont deux statues colossales, celles de François et de Marguerite, couchées sur une table de marbre noir, qui recouvre le mausolée. Tous deux portent la couronne et le manteau ducal. Des carreaux, soutenus par trois anges agenouillés, supportent ces deux têtes, d'une admirable expression. On ne peut surtout se lasser de contempler celle de la duchesse, qui reflète quelque chose du bonheur ineffable que Dieu réserve à ses élus. Les mains de ces illustres morts sont jointes sur leurs poitrines; aux pieds de François est couché un lion, symbole de la force et de la grandeur d'âme; à ceux de Marguerite, une levrette, emblème de la soumission et de la fidélité Entre les pattes de ces animaux sont les écussons de Bretagne et de Foix. La justice, la prudence, la tempérance et la force, sont représentées debout aux quatre angles du tombeau. La justice est le portrait de la duchesse Anne; elle tient un glaive de la main droite, et de la gauche la balance et le livre des lois; elle porte la couronne fleurdelisée et fleuronnée, en qualité de reine de France et de duchesse de Bretagne Le statuaire, au lieu de s'inspirer des modèles antiques, a reproduit, dans presque toutes les figures de ce monument, les traits et la physionomie de ses compatriotes. La prudence est représentée, comme le

Janus des anciens temps, avec deux visages : l'un, tourné vers le passé, est celui d'un vieillard ; l'autre, regardant l'avenir, est celui d'une jeune femme : tous deux sont empruntés au type bas-breton. La tempérance, vêtue d'habits religieux, tient d'une main une horloge, et de l'autre un mors de bride. La force, dont la cuirasse est d'un travail admirable, étrangle un monstre de la main droite, et porte dans la gauche une tour crénelée. Les douze apôtres, placés dans des niches de marbre rouge, garnissent le premier étage du tombeau sur ses deux faces latérales, et seize statuettes, placées chacune dans un médaillon, ornent sur ses quatre faces le bas du mausolée. Ces statuettes sont autant de pleureuses, dont le visage et les mains sont en marbre blanc, et les draperies en marbre vert. Enfin, deux statuettes représentant Charlemagne et saint Louis sont placées en haut du monument ; à la même hauteur et dans des niches semblables, celle des apôtres, celles de saint François et de sainte Marguerite, patrons du duc et de la duchesse, en achèvent le côté opposé. La tradition ne dit pas combien Michel Columb consacra d'années à ce gigantesque travail ; mais quand on en examine toutes les parties, si merveilleusement achevées, on se sent presque aussi effrayé que ravi à la pensée de ce qu'une telle œuvre a dû coûter de temps et de patience. L'école française n'a rien, à ce qu'on assure, qu'on puisse comparer à ce mausolée, qui n'eût pas déshonoré le ciseau de Michel-Ange.

Ce qui frappe surtout l'admirateur attentif, c'est l'expression variée et pourtant vraie de ces figures, dont chacune excite dans l'âme des sentiments divers, mais toujours dignes de l'auguste lieu où il se trouve, toujours grands et salutaires comme tout ce qui rappelle à l'homme le néant de ce qui passe, et le fait rêver à la suprême félicité que la mort apporte au juste.

Cette description de la cathédrale érigée par saint Félix, et du tombeau des Carmes qu'on admire à si juste titre dans celle qui l'a remplacée, nous a fait abandonner l'histoire de Nantes. Revenons-y pour assister à une scène de désolation qui se passe dans ce temple même que l'illustre évêque de Nantes s'était plu à orner avec tant de magnificence.

En 843, les Normands ayant pris d'assaut la ville de Nantes, la mirent à feu et à sang; puis, sans respect pour la demeure du Très-Haut, ils envahirent la cathédrale où les habitant s'étaient réfugiés avec saint Gohart, qui occupait alors le siége de saint Félix, et, les ayant forcés d'en sortir, ils les massacrèrent impitoyablement. Ils revinrent saccager, encore une fois, le comté et la ville, sous la conduite de leur fameux chef Rollon. Ils furent vaincus par Alain-le Grand, roi des Bretons, qui s'occupa pendant un long règne à réparer les maux causés par ces barbares, non seulement dans le pays de Nantes, mais dans toute la Bretagne. Mais, après la mort de ce prince, les invasions normandes recommencèrent, se succédèrent presque sans interruption pendant trente ans, et telle fut la terreur que ces pillards inspirèrent, que, pour soustraire à leurs profanations les saintes reliques des patrons de la Bretagne, les évêques et les abbés les emportèrent en Angleterre.

En 937, Alain-Barbe-Torte commença contre eux une guerre acharnée. Après avoir essuyé quelques revers qui ne le découragèrent point, il les battit à Dol et les refoula jusqu'à Nantes. Il rencontra les Normands au Pré-Saint-Aignan. A la première attaque, il eut le dessous, et les ennemis le poussèrent jusque sur une montagne voisine. Là, il n'avait rien à redouter d'eux, mais il était étroitement bloqué, et, comme la chaleur était extrême, lui et les siens ne tardèrent pas à souffrir de la soif. Cette souffrance devint si cruelle, que les Bretons en étaient à demi vaincus. Mais, dit la chronique, ils appelèrent à leur aide la benoîte vierge Marie, mère de notre Seigneur, afin qu'elle daignât ouvrir une fontaine où ils pussent se désaltérer et reprendre leurs forces. La Vierge ouït leur prière, et fit jaillir en ce lieu une source qu'on nomme la Fontaine-de-Sainte-Marie, où, s'étant désaltérés en louant Dieu, ils retournèrent au combat, plus vaillants que jamais, et battirent complétement leurs ennemis, qui s'enfuirent à leurs vaisseaux.

Alain pénétra ensuite dans la ville de Nantes, et il la trouva en une telle désolation, que ni lui ni ses braves chevaliers ne purent retenir leurs larmes. Toute la population de cette belle cité l'avait abandonnée, toutes les maisons en avaient été détruites, et de la cathédrale de Saint-Félix il ne restait plus que des ruines.

Alain prit en pitié cette malheureuse ville, et la fit reconstruire. Puis, pour lui procurer des habitants, il en fit un lieu d'asile où tout serf devenait libre et échappait aux poursuites de son maître.

Mais Nantes jouissait à peine du fruit de ses généreux efforts, que les Normands, profitant de la faiblesse des successeurs de Barbe-Torte, l'assaillirent de nouveau. Grâce au courage de sa nouvelle population, grâce surtout au château-fort dont son second fondateur l'avait dotée, elle résista à ces farouches guerriers et les mit en fuite. Elle respira jusqu'en 992; alors le comte de Rennes s'en empara comme si ce n'eût pas été assez de la guerre étrangère pour épuiser ce malheureux pays. L'histoire de Nantes n'offre aucun événement important depuis cette époque jusqu'à celle où la rivalité de Jeanne de Penthièvre et Jean de Monfort vint mettre la Bretagne en sang. Nous nous occuperons de cette guerre après avoir examiné les monuments de Nantes et mentionné l'héroïque résistance qu'à diverses reprises cette ville fit aux Anglais.

Lorsque le roi Henri IV, en traitant avec Mercœur, comme nous l'avons dit dans l'une des premières pages de ce livre, eut désarmé la sainte ligue, il vint à Nantes, et, à la vue de son beau port, de ses antiques édifices, de son commerce, il s'écria : « Ventre-saint-gris ! ces ducs de Bretagne n'étaient pas de petits compagnons ! » C'est à Nantes que ce monarque signa l'édit par lequel il accordait aux protestants la liberté de conscience, des places de sûreté et le droit d'exercer publiquement leur culte en un certain nombre de lieux, édit qui fut révoqué par Louis XIV.

Le château bâti par Barbe-Torte subsiste encore, du moins

en partie. C'est une masse de bâtiments irréguliers et flanqués de tours rondes ; on en a fait un magasin à Poudre.

Le château de Bouffay a été construit, dit-on, vers l'an 990, par Conan-le-Tors ; mais sa haute tour n'a été bâtie qu'en 1662. Elle renferme l'horloge et la cloche du beffroi, qui pèse, à ce qu'on assure, 8,250 kilogrammes.

Nantes conserve encore quelques débris d'églises remarquables par leurs sculptures ; mais chaque jour quelque portion de ruines disparaît. Il ne reste plus des anciennes fortifications que quelques pans de muraille, et une ville toute moderne s'élève sur l'antique cité. Elle est très-bien bâtie, a de magnifiques places publiques et de somptueux édifices. Le plus beau est l'hôtel de la préfecture, qui date du siècle dernier. Deux façades d'ordre ionique, un superbe péristyle, l'escalier qui conduit aux appartements, la salle des pas-perdus et celle des délibérations méritent d'être cités. La salle de spectacle, construite en 1810, et la Bourse achevée en 1812, sont aussi deux constructions remarquables. L'île Feydeau, le quartier Graslin, la place Royale, peuvent être comparés aux plus beaux quartiers de Paris.

La situation de Nantes est délicieuse. Elle est assise au bord de la Loire, à l'extrémité de riches prairies, bordées de coteaux couverts de vignes. Rien n'est plus beau que ses quais, rien n'est plus animé que son port, où de nombreux navires arrivent chaque jour. Elle fait un commerce immense ; car, bien qu'elle soit à douze lieues de la mer, la Loire, source de sa richesse, y amène des marchandises de tous les pays connus et en facilite le transport à l'intérieur de la France.

Nantes a, en outre, des fabriques de toiles de coton, des raffineries de sucre, des blanchisseries de cire, des laboratoires pour la préparation des acides, et des ateliers de construction pour le grand et le petit cabotage. Elle compte plus de quatre-vingt dix mille habitants.

Pendant que Saint Malo donnait à la France le fameux corsaire Duguay-Trouin, Nantes lui donnait Jacques Cassart, dont les services, moins éclatants peut-être, n'en furent pas moins réels. Mais tandis que le Maloin, issu d'une noble famille, façonné de bonne heure aux belles manières et riche à millions, brillait à la cour de Louis XIV, le bourgeois nantais, plus brave qu'élégant, et pauvre d'ailleurs, y fut mandé par le grand roi, qui voulait et savait récompenser tous les mérites. Jacques s'y rendit; mais sa gaucherie et la simplicité de son costume égayèrent fort les courtisans, qui n'étaient pas habitués à recevoir de semblables visiteurs. Heureusement pour Cassart, Duguay-Trouin l'ayant reconnu au milieu des jeunes seigneurs, courut à lui, et, après l'avoir embrassé, lui prit la main et le présenta aux railleurs, tout surpris de l'accueil que cet étranger recevait du corsaire, alors en toute faveur auprès du roi. On cessa de rire, comme vous pouvez le penser, mes amis, et ce fut à qui témoignerait au nouveau venu le plus de considération et de respect lorsque Duguay Trouin eut prononcé ces mots : « Voici, messieurs, le premier marin du monde, je donnerais toutes mes victoires pour une des siennes ! »

Le général Cambronne, dont on citera toujours ce mot héroïque, prononcé lors du désastre de Waterloo : « La garde impériale meurt et ne se rend pas! » est né à Nantes.

C'est dans ce pays qu'a pris naissance, on l'assure du moins, le comte de Barbe-Bleue, qui nous a tous fait frissonner tant de fois, pendant notre enfance. Seulement la réalité est mille fois plus horrible que la fiction à laquelle elle a donné lieu.

Gilles de Retz était un puissant seigneur, le plus riche peut-être de toute la Bretagne. Il dissipa follement cette immense fortune, et, ne voulant pas rompre avec les habitudes de luxe et de prodigalité qu'il avait prises, il résolut de consacrer ses jours et ses nuits à la découverte d'un secret auquel beaucoup d'autres se sont adonnés aussi vainement que lui, au secret de faire de l'or. Il étudia l'alchimie et la magie, fit venir à grands frais de l'Orient des professeurs en la noire science, et souilla de sang ses premières opérations. Insensiblement il devint le zéau de la contrée; les petits pâtres, les bergères, tous les enfants attardés étaient enlevés par ses émissaires et amenés dans son château, où une affreuse mort les attendait. Cela dura longtemps. On n'entendait de toutes parts que des cris de douleur : les mères redemandaient leurs fils, leurs filles à tous les arbres des forêts, à tous les buissons, à tous les ravins; les pères jetaient leurs filets dans toutes les rivières, pour retrouver au moins le corps de leurs enfants bien-aimés et les inhumer en terre sainte. Ni les bois, ni les ornières profondes, ni les rivières, ni les ruisseaux n'avaient une victime à rendre; mais quand on pénétra dans le repaire de Gilles, on en trouva plus de cent. Il fut traduit devant la justice et condamné à être brûlé vif. On vit longtemps, à Nantes, le monument expiatoire élevé au lieu de son supplice.

Un autre souvenir, plus récent et peut être plus terrible encore, vient attrister l'âme de l'étranger qui parcourt cette ville, c'est celui de Carrier, le plus farouche de tous les proconsuls de la terreur. Ce qu'il envoya à la mort d'hommes, de femmes, de jeunes filles, est innombrable. La guillotine lui paraissait insuffisante; ce tigre inventa les noyades de la Loire et les mariages républicains. Ses bateaux quittaient le port, chargés d'une multitude de suspects; Dieu sait ce qu'il fallait pour devenir suspect à ses yeux! et quand ils avaient gagné la pleine mer, au moyen d'une soupape qu'on ouvrait, tout leur chargement s'engouffrait dans les eaux. Quant au mariage, le féroce comique avait imaginé de lier, l'un à l'autre, deux victimes de sexe différent, et de les faire jeter dans la Loire. Quand le hasard voulait qu'un prêtre et une religieuse eussent à subir ce supplice, c'était une étrange bonne fortune pour Carrier et son ignoble entourage. On se demande comment toute une population sensée, honnête, généreuse, pouvait souffrir de semblables atrocités sans se lever en masse contre celui qui les ordonnait, et on se le demande sans trouver à cette question une réponse dont l'esprit soit satisfait. Ce n'était pas que le courage manquât, il n'y en eut peut-être jamais plus qu'à cette époque : on vit des femmes, des enfants crier : Vive le roi! pour mourir avec leurs maris, avec leurs pères ; on vit des milliers de personnes périr pour avoir donné asile à des prêtres ou à d'autres suspects, sans que la crainte de cette mort pût glacer la compassion ou étouffer la charité dans les cœurs. Bien des jeunes filles partirent pour l'échafaud comme pour une fête, et tous ces saints prêtres, tous ces vieux nobles, tous ces chrétiens fidèles, qui n'avaient pu renier ni leur Dieu ni leur roi, y montèrent comme s'ils fussent montés au ciel. La raison de la stupeur générale fut peut-être celle-ci, que je me rappelle avoir trouvée dans je ne sais plus quel auteur : Chacun, gardant pour soi-même ce qu'il avait de courage, mettait toute sa gloire à subir la mort avec fermeté, et se fût cru coupable de faiblesse s'il eût tenté quelque effort pour s'y soustraire. » Quoi qu'il en soit, cette inaction, ce courage passif prolongea le règne de la terreur, et coûta à la France entière le plus pur de son sang.

La Bretagne, toutefois, ne supporta pas sans essayer de défendre sa liberté et sa foi, cet odieux despotisme de la hache. Tout nous rappellera ces héroïques efforts, lorsque nous parcourrons la Basse-Bretagne, qui en a été le théâtre.

N'oublions pas, avant de quitter Nantes, de citer son plus beau titre de gloire. C'est dans cette ville, alors bien peu considérable encore, que saint Clair, l'apôtre de l'Armorique, bâtit la première église chrétienne. Les deux plus anciens martyrs de cette sainte religion furent deux jeunes gens appartenant à cette cité, Donatien et Rogatien. Deux croix qu'on remarque non loin du petit séminaire de Nantes, désignent à la vénération des fidèles le lieu où ces deux frères subirent la mort pour le nom de Jésus-Christ. Albert le Grand, auteur de la vie des saints de Bretagne, raconte ainsi l'histoire de ces martyrs :

« Les satellites prirent le saint en sa maison et lui firent savoir la volonté de leur maistre : le jeune homme les traita humainement, et ayant donné le baiser à son frère Rogatien et pris congé de ses domestiques, s'en alla avec eux vers le président, lequel, de prime abord luy tint ces paroles : « D'autant que nous avons ouy parler de toi, ô Donatian, comme de celuy qui ne se contente pas seulement de denier le culte et adoration deuë aux dieux Jupiter et Apollon, de qui nous tenons la vie et la conservation, mais encore les charges d'injures, d'offenses et de blasphêmes, persuadant au peuple que son salut consiste à croire au crucifié ; je suis résolu de te punir si rigoureusement que les autres chrestiens y prendront exemple. » Le saint martyr répondit : « Vous dites la vérité sans y penser, seigneur président; que je tasche à convertir tout le peuple à la foy de Jésus Christ, auquel consiste leur salut, car c'est tout mon souhait. » Le président, plus que devant en colère, lui répondit : « Ou bien mets fin à tes discours superflus, ou, en peu de temps, je mettrai fin à ta vie. — Les tourments dont tu me menaces t'attendent, répartit le saint, et tu t'embarrasseras dans le filet que tu m'as préparé, d'autant plus que tu ne veux ouvrir tes yeux à la vraye lumière, mais persistes, opiniastre, à ton aveuglement. »

« Cette réponse, pleine de liberté et de franchise offensa le président, lequel ordonna qu'il fust mené en prison, où on luy mit les fers aux pieds et les carcans au col et aux mains, pour voir si ces rigueurs le pourraient fléchir. Et aussitost fist venir son frère saint Rogatian, et le voulut par belles paroles induire à obéir aux édits impériaux. Rogatian ne se montra pas moins courageux que son frère. Tous deux furent mis dans la même prison, les fers aux pieds, les menotes aux bras. Ce qui contristoit Rogatian, c'étoit qu'il n'avoit pas reçu le sacrement de baptesme et de confirmation, à cause de l'absence du saint évesque et de ses prestres ; de quoy saint Rogatian s'estant aperceu, le consola, l'assurant que son propre sang luy serviroit d'eau baptismale : et, la nuit suivante, pria Dieu pour luy en cette manière : « Seigneur Jésus-Christ, vers qui les bons désirs sont recevables autant que les effets, quand on ne les peut produire, je vous supplie qu'à mon frère Rogatian la foy soit don de baptesme, et s'il arrive que demain nous mourrions par le glaive, pour la confession de vostre saint nom, que l'effusion de son sang luy soit sacrement de cresme! » Saint Rogatian répondit : Amen; et passèrent le reste de la nuit à chanter des hymnes de louange, remerciant Jésus-Christ de l'honneur qu'il leur faisoit et priant de les rendre dignes d'endurer la mort pour son saint nom. »

Le lendemain les deux frères furent élevés sur le chevalet, fouettés en public, conduits hors la ville, percés d'une lance de guerre et décapités.

La vue de leur courage, la céleste sérénité avec laquelle ils avaient reçu la mort, gagna à leur foi de nouveaux disciples; car, lorsque la nuit fut venue, de pieuses mains recueillirent leurs corps et les ensevelirent au lieu du supplice; où plus tard il s'opéra de nombreux prodiges.

JEAN DE MONTFORT ET JEANNE DE PENTHIÈVRE.

Le 30 avril de l'an 1341, le bon duc Jean III, que le peuple chérissait, étant venu à mourir sans laisser d'enfants, Jean de Montfort, son frère de père, et de Jeanne de Pentièvre, sa nièce, se disputèrent son beau duché. Jean III avait, à ce qu'on assure, fait son testament en faveur de cette princesse; ce testament n'ayant pas été retrouvé, Monfort prétendit que c'était lui qui y était désigné comme l'héritier du duc, et, ni l'un ni l'autre ne voulant renoncer à cette prétention, il s'en suivit une guerre qui dura vingt quatre ans. Jeanne avait épousé Charles de Blois, neveu du roi de France, Philippe de Valois. Ce monarque embrassa, par conséquent, la cause des Penthièvre, et Jean de Montfort, trop faible pour lutter seul contre un parti si puissant, appela à son aide les Anglais, ces éternels ennemis de la France. Ce fut la Bretagne qui supporta tous les maux de cette guerre, dont la succession de Jean III ne fut en réalité que le prétexte, et dont cette haine profonde des deux plus puissantes nations de l'Europe fut le véritable motif.

Jean de Montfort était, au dire de tous les auteurs du temps, un prince si vaillant, si beau, si généreux, si aimable, qu'on n'eût pu trouver un chevalier plus accompli. Toute la bourgeoisie et tout le peuple de Bretagne étaient pour lui. Charles de Blois, qui se disposait à soutenir les droits de Jeanne de Penthièvre, ne lui cédait ni en courage ni en grandeur d'âme; aux qualités d'un guerrier, il joignait les vertus d'un saint; et s'il eût pu douter de la légitimité des prétentions de sa femme, il eût renoncé sans aucune hésitation à disputer la couronne à Jean de Montfort et à verser injustement le sang de tant de braves gens.

Jeanne de Penthièvre était digne de ce que le duc Jean III avait voulu faire pour elle; c'était un cœur vaillant sous une frêle enveloppe. La femme de son compétiteur, qui se nommait aussi Jeanne, et était de la maison de Flandre, donna aussi des preuves d'un courage, d'une sagesse et d'une intrépidité admirables, et fut, en réalité, le héros de cette guerre.

Jean de Montfort se fit reconnaître à Nantes, puis, s'étant emparé des trésors de Jean III, il invita les seigneurs et barons du pays à lui venir rendre hommage, comme c'était la coutume lors de l'avènement d'un nouveau duc. Mais, grande fut sa surprise et celle de Jeanne, lorsque au lieu de la foule qu'ils attendaient, un seul seigneur se présenta. N'ayant pas la noblesse à fêter, ils choyèrent les bourgeois de Nantes et des environs; puis, mettant à profit l'argent du feu duc, ils assemblèrent une nombreuse armée, attirée de tous les pays par l'appât du gain. Jean marcha alors à la conquête du pays, et s'empara, tant par la force que par ruse, d'un grand nombre de places. Encouragé par ces premiers succès et ne voulant pas céder au roi de France, qui prétendait faire couronner Jeanne de Penthièvre, il alla solliciter le secours de l'Angleterre. Edouard III y régnait alors. Outre la rivalité qui existait depuis longtemps entre les deux couronnes de France et d'Angleterre, Edouard III avait un motif particulier d'aversion contre Philippe de Valois, qui, en vertu de la loi salique, avait été élevé au trône, tandis que lui, Edouard, petit-fils de Philippe le Bel, par sa mère, en avait été exclu.

La proposition de Montfort lui sourit, et il le renvoya en Bretagne, après lui avoir promis de le soutenir puissamment contre ses ennemis. A peine Jean fut-il de retour dans son duché, que Philippe le cita à comparaître devant lui et devant les pairs du royaume, pour avoir à répondre de l'usurpation de la Bretagne, dont il voulait, disait-on, faire hommage au roi d'Angleterre

Jean accueillit avec courtoisie les envoyés de son suzerain, leur fit de grands présents, et, ayant réuni autour de lui une nombreuse et brillante escorte, il se rendit à Paris. Le lendemain de son arrivée, il se revêtit de ses plus riches habits, monta son plus beau cheval, et se présenta hardiment devant le roi. Ayant ouï les reproches que Philippe avait à lui adresser, il protesta de son innocence; quant à l'hommage du duché envers Edouard III, il déclara qu'il se croyait le légitime héritier de Jean III, son frère aîné, et s'offrit de rester au pouvoir du roi de France jusqu'à ce qu'il eût fait reconnaître ses droits.

Cette proposition fut acceptée; mais Montfort ne l'eut pas plus tôt faite qu'il s'en repentit; dès qu'il fut rentré en l'hôtel qu'il s'était choisi, il se déguisa en marchand, et, laissant tous ses gens à Paris, avec ordre de mener le même train de vie que s'il eût été présent, il reprit le chemin de la Bretagne, accompagné seulement de quatre fidèles serviteurs, et arriva à Nantes avant que personne ne se doutât de son départ.

Les seigneurs et les barons, du jugement desquels il se méfiait ainsi, déclarèrent Jeanne de Penthièvre duchesse de Bretagne, et autorisèrent Charles de Blois à déposséder Jean de Montfort de cette province. Philippe de Valois l'en pressa et lui composa une armée de dix mille hommes, à la tête de laquelle figurait la plus belle noblesse de France. Charles, quoique brave, se souétait peu du rôle de conquérant ; passer sa vie en prières et en méditations lui semblait le seul bonheur digne d'envie, et si Jeanne de Penthièvre y eût voulu consentir, il se fût retiré dans un monastère. Mais Jeanne était trop jalouse de ses droits pour renoncer ainsi à l'époux qui devait les faire valoir ; elle retint Charles, qui, sans cesser de servir Dieu au milieu des armées, comme il eût pu le faire au fond d'un cloître, se montra aussi hardi et aussi vaillant que le meilleur de ses chevaliers.

Charles prit quelques places sur son chemin et vint assiéger Montfort dans Nantes. Jean s'y défendit courageusement ; mais bientôt les bourgeois de cette bonne ville, se voyant fort maltraités, eux et leurs biens, par les ennemis qui, sur l'ordre du duc de Normandie, depuis roi de France sous le nom de Jean-le-Bon, décapitaient impitoyablement leurs prisonniers et lançaient les têtes dans la cité, au moyen de machines de guerre, résolurent de traiter avec eux. Selon quelques historiens, ils ouvrirent à l'armée de France les portes de leur ville ; selon d'autres, Montfort entra en capitulation avec le duc de Normandie. Quoi qu'il en soit, les conditions qu'avaient dû poser pour ce guerrier les bourgeois de Nantes, ou qu'il avait posées lui-même, ne furent point remplis. On l'enferma à la Tour du Louvre ; on l'y retint pendant quatre ans.

Philippe de Valois avait cru terminer la guerre en s'emparant de Jean ; mais il avait compté sans le courage et le dévouement de Jeanne de Montfort. Après le premier abattement que lui causa cette triste nouvelle, Jeanne résolut, quoi qu'on pût décider du sort de son époux, de tout faire pour assurer à son fils, encore au berceau, le duché de Bretagne. Imposant silence à sa douleur, elle quitta Rennes, où elle était lorsqu'elle apprit ce malheur, et, bien qu'elle eût grand besoin d'être consolée, disent ses historiens, ce fut elle qui se chargea de consoler les autres.

Elle parcourut les villes et les campagnes, parla au peuple et aux armées, et rattacha tous les cœurs à la cause de son enfant. Elle le portait sur son bras dans les assemblées, et, le montrant à chacun, elle disait :

« Mes amis, ne vous défiez de la grâce de Dieu. Nous sommes grandement infortunés de ce qui est advenu en la personne de monseigneur, mais j'espère, par la grâce de Dieu, qu'il sortira de là où il est tôt ou tard, et qu'encore nous le verrons sain et sauf. Prenez cœur et ne veuillez abandonner celui qui a mis toute son espérance, après Dieu, en vous et en votre loyauté. Et si Dieu nous défavorise, tant qu'il y demeure, voici un enfant légitime de son sang, nourri sous espérance que, par la grâce de Dieu, il sera un jour homme de bien et de valeur, et, croissant, rétablira la perte du père, et, malgré ses ennemis, lesquels, à cette heure, lui occupent sa terre. Ah ! seigneurs, disait-elle aux barons, ne vous déconfortez mie, ni ébahissez pour monseigneur que nous avons perdu, ce n'était qu'un seul homme; véez ci son petit enfant, qui sera, si Dieu plait, son restorier, et qui vous fera des biens assez. »

En l'entendant parler ainsi, en la voyant si forte, malgré sa douleur, personne ne pouvait retenir ses larmes, et chacun jurait de verser son sang pour défendre la courageuse duchesse et Jean de Bretagne, son petit enfant. Beaucoup de seigneurs cependant se rangèrent sous l'étendard de Charles de Blois, et ce prince ne doutait pas que la province ne fût bientôt soumise. Mais quand, l'hiver passé, il se remit à l'œuvre, il ne se trouva pas beaucoup plus avancé qu'avant la prise de son adversaire, car toutes les villes qui étaient alors au pouvoir de Montfort étaient restées fidèles à Jeanne et se montraient disposées à se bien défendre.

Charles alla mettre le siége devant Rennes, que Jeanne avait quitté pour se rendre à Hennebon, place qu'elle croyait plus sûre. Les bourgeois se défendirent d'abord vaillamment ; mais, las d'une inutile résistance, ils emprisonnèrent le gouverneur, qui refusait de capituler, et ouvrirent leurs portes aux Français. De là, Charles se rendit à Hennebon, où Jeanne attendait les secours promis par Edouard III, à qui elle avait envoyé son fils.

L'arrivée de l'armée ennemie ne la déconcerta point; elle assembla ses gens d'armes, et parvint à leur communiquer une partie de son enthousiasme. Dès les premières escarmouches, les assiégeants furent si rudement reçus qu'ils s'enfuirent, et que les seigneurs français furent, si l'on en croit les récits du temps, obligés d'employer les coups de bâton pour faire retourner à l'attaque leurs soudoyés, maltraités par cette courageuse garnison.

Jeanne, armée de pied en cap, parcourait la ville, montée sur un cheval de bataille; elle parlait à tous, nobles et bourgeois, ranimant l'espérance des uns, soutenant le zèle des autres et payant si bien de sa personne qu'exaltés par son exemple, les femmes, les jeunes filles, les enfants même, voulant contribuer à la défense de la place, ramassaient des pierres et les montaient sur les murailles, ainsi que de la chaux vive, des pots à feu et tout ce qui pouvait porter la mort parmi les assiégeants. Jeanne voyait avec une joie extrême ce dévouement qui lui promettait le salut, et, rendue plus hardie par ce commencement de succès, elle exécuta ce que peut-être aucun chevalier n'eût osé tenter à sa place.

Comme elle veillait à tout, elle s'aperçut un jour que les ennemis avaient quitté leur camp pour aller voir donner l'assaut, et qu'ils l'avaient laissé sous la garde de quelques valets. Alors, quittant précipitamment son poste d'observation, elle s'élança sur son cheval, et, ayant invité ses braves hommes d'armes à la suivre, elle sortit de la ville, se dirigea vers les tentes françaises et y mit le feu. La lueur de la flamme avertit bientôt l'armée du désastre dont elle était victime, et chacun se dirigeant en toute hâte vers le foyer de l'incendie, Jeanne comprit qu'elle ne pourrait ni regagner Hennebon sans combat, ni soutenir une lutte aussi si inégale; car elle n'avait que trois cents hommes à opposer à toutes les forces ennemies. Sans perdre un instant, elle prit sa course vers Auray, situé à trois lieues de là et y arriva sans accident avec sa troupe, sauf quelques gens mal montés qui, étant restés forcément en arrière, furent pris par les Français.

L'inquiétude des habitants d'Hennebon devint extrême quand, la nuit arrivée, ils ne virent pas rentrer la comtesse; mais le lendemain et les jours suivants la consternation fut au comble parmi les soldats et les bourgeois. Ils ne savaient plus s'ils devaient continuer de se défendre ou entrer en capitulation avec les Français. Jeanne, devinant leur perplexité, comprit que tout était perdu si elle ne venait les réconforter par sa présence, et bravant de nouveau les plus grands dangers, elle reparut à la porte de la ville le cinquième jour après son départ. Elle avait quitté Auray la nuit, avec cinq cents hommes, destinés à renforcer la garnison d'Hennebon, et avait passé au point du jour tout près du camp ennemi.

Les Français, honteux et courroucés d'être tellement menés par une femme, à la vue de leur armée, donnèrent l'assaut le jour même, dans l'espoir de recouvrer leur honneur; mais ils furent repoussés et perdirent beaucoup de monde. Les chefs alors tinrent conseil et décidèrent qu'une partie de l'armée irait assiéger Auray, tandis que l'autre resterait devant Hennebon et en battrait les murailles, à l'aide de fortes machines qu'on ferait venir de Rennes. Charles de Blois se rendit à Auray. Louis d'Espagne, le vicomte de Rohan et Hervé de Léon continuèrent d'attaquer Jeanne. Hervé de Léon était ce seigneur qui seul s'était présenté pour rendre hommage à Jean de Montfort, lorsqu'il avait convoqué tous les barons dans sa bonne ville de Nantes. Grandement fêté par le comte et la comtesse, il avait embrassé leur parti et les avait vaillamment servis; mais Jean lui ayant fait de durs reproches, un jour que, par la faute de ce seigneur, il avait essuyé un échec, Hervé de Léon, aussi fier que brave, avait quitté son armée et rejoint celle de Charles de Blois.

Les redoutables engins de guerre étant arrivés, les assiégeants se mirent à battre sans relâche les murs de la place. Il n'y avait nulle résistance à opposer à ces machines terribles, et les habitants, saisis de frayeur à la vue des ravages qu'elles exerçaient et à la pensée des excès auxquels se porterait le vainqueur irrité lorsqu'elles lui auraient enfin ouvert un passage, commencèrent à se communiquer leurs tristes réflexions. Jeanne avait beau se montrer partout, et se montrer aussi ferme, aussi résolue que jamais; le courage, ranimé un instant par sa parole, s'éteignait presque aussitôt. Le mot qu'elle craignait tant d'entendre fut prononcé tout bas d'abord, puis porté jusqu'à elle par une députation de la ville. Jeanne repoussa bien fort tout projet de capitulation et, rappelant aux bourgeois les promesses du roi d'Angleterre, dont on attendait encore les secours, elle leur dit si bien tout ce qu'elle attendait d'eux, elle fit preuve de tant de grandeur d'âme et de tant d'héroïsme, que les députés se retirèrent tout honteux de la démarche qu'ils avaient tentée.

Mais les Français avaient un auxiliaire dans la ville. L'évêque Guy de Léon se rendit auprès de son neveu Hervé, et, en ayant obtenu la promesse que, si la ville se rendait, il ne serait fait aucun mal à ses habitants, vint leur faire part de ces conditions qui leur étaient offertes. C'était plus que n'avaient osé espérer les bourgeois, aussi étaient-ils décidés à ouvrir les portes aux Français, lorsque Jeanne, en ayant eu avis, se rendit au milieu d'eux pour combattre cette résolution, qui devait causer la ruine de son enfant.

Longtemps les habitants furent insensibles à son discours; mais elle les pria tant, au nom de Dieu, d'attendre encore un peu avant de livrer la place, qu'ils lui accordèrent un délai de trois jours, après lequel, si nul secours n'était arrivé d'Angleterre, leur ville serait ouverte aux Français.

Qui pourrait peindre l'angoisse avec laquelle la comtesse attendit l'instant fixé pour son salut ou pour sa perte. Retirée en la chambre la plus élevée de la plus haute tour, elle resta, nuit et jour, l'œil fixé sur la mer, offrant à Dieu d'ardentes prières pour qu'il daignât lui envoyer l'aide qu'elle attendait. Si elle n'eût eu que la mort à souffrir, nul doute qu'elle ne s'y fût facilement résignée ; mais son mari qui languissait dans une prison ; mais son fils qu'on dépouillait de son héritage, que deviendraient-ils si, le délai expiré, elle était remise aux mains des ennemis ? Toujours dévorant du regard l'immensité de l'Océan, où pas une voile ne se montrait, elle atteignit le troisième jour, qui devait voir la ruine de toutes ses espérances.

Malgré les intolérables souffrances qu'elle endure, Jeanne trouve que le temps fuit avec la rapidité de l'éclair, elle voudrait qu'il lui fût donné, comme autrefois à Josué, d'arrêter le cours du soleil. La flotte attendue ne paraît pas encore, et l'heure fatale va sonner.

« Mon Dieu ! mon Dieu ! » s'écrie Jeanne. Et elle se jette à genoux devant la fenêtre, en versant d'abondantes larmes.

Des pas retentissent dans l'escalier ; on frappe à la porte de l'appartement, la comtesse essuie ses yeux, se relève et va ouvrir. Ce sont les députés de la ville qui viennent la sommer de tenir la parole qu'elle leur a donnée, et de capituler avec les Français. Jeanne les implore de nouveau, leur parle de son mari, leur maître et seigneur, et son petit enfant, que le roi Edouard a reçu à sa cour, et qu'il ne peut manquer de protéger en envoyant à Hennebon une armée considérable. Elle leur dit que ce secours ne doit pas tarder désormais, et elle insiste pour qu'un second délai lui soit accordé. Elle menace de la vengeance de Montfort ceux qui abandonneront lâchement sa cause ; puis, renonçant bientôt aux menaces, elle supplie avec larmes les bourgeois, qui paraissent un instant hésiter. L'espoir rentre au cœur de Jeanne ; mais l'évêque arrive, et annonce que si la place ne s'est pas rendue dans un quart d'heure, elle sera brûlée et que tous les habitants en seront passés au fil de l'épée.

Une telle perspective détruisit tout l'effet des paroles de la comtesse, et les bourgeois lui déclarent humblement que, puisqu'il n'y a pas d'autre moyen de sauver leur ville, ils y ont bien qu'ils en soient marris, en remettre les clefs aux chefs des assiégeants.

Il n'y a pas à lutter ; Jeanne le comprend. Elle s'approche une fois encore de la fenêtre pour jeter un dernier adieu à ces flots sur lesquels, pendant les trois jours qui viennent de s'écouler, il lui a semblé tant de fois voir s'avancer des libérateurs. Soudain un cri de joie lui échappe. « Les voilà ! Ce sont eux !... » En effet, c'était la flotte qu'Edouard envoyait au secours de Jeanne, flotte que les vents contraires avaient retenue pendant deux mois dans la Manche.

Il ne fut plus question de capituler. Les bourgeois coururent en grande hâte annoncer par la ville l'heureuse nouvelle d'une délivrance prochaine ; et Jeanne, après avoir rendu grâces à Dieu, s'occupa de recevoir noblement les hôtes qui lui arrivaient. On peut juger de la fureur des assiégeants, lorsqu'ils virent débarquer cette armée au moment même où ils allaient être maîtres de la ville. Ils donnèrent promptement un nouvel assaut ; mais le courage était revenu aux habitants d'Hennebon ; chacun d'eux, se repentant d'avoir voulu livrer la ville, fit maintes prouesses pour le faire oublier, et les Français essuyèrent de grandes pertes. Le lendemain, les Anglais, sur la fin d'un magnifique dîner que leur avait donné la comtesse, se trouvant incommodés du bruit d'une machine de guerre qui battait la muraille, sortirent pour l'aller démolir ; ce qu'ils exécutèrent avec autant de bonheur que d'audace. De là ils coururent au camp français, mirent le feu aux tentes nouvellement reconstruites, et ne songèrent à rentrer dans la place que quand toute l'armée fondit sur eux. Alors même ils eurent honte de s'enfuir, et, ceux de la ville venant à leur secours, une bataille générale s'engagea. On se battit bien de part et d'autre, et, quand le soir fut venu, les Anglais rentrèrent dans Hennebon. Jeanne alla à leur rencontre, et les embrassa tous l'un après l'autre en signe de remercîment. Les archers continuèrent à envoyer du haut des remparts des milliers de flèches sur les ennemis; et, deux jours après, l'armée se rendait sous les murs d'Auray, où se tenait Charles de Blois.

Quand nous disons armée française, armée anglaise, il est bien entendu que dans chacun des deux camps se trouvaient des Bretons, seulement, ceux qui avaient embrassé la cause de Jean de Montfort étaient soutenus par les Anglais, et ceux qui s'étaient déclarés pour Charles de Blois l'étaient par les Français.

Un des chefs les plus redoutables de cette dernière armée était Louis d'Espagne, dont nous avons déjà parlé. Furieux de l'échec qu'il avait subi à Hennebon, il s'en vengea en faisant passer au fil de l'épée toute la garnison de Conquet, dont il s'était emparé. Gauthier de Mauny, ayant repris cette place pour Jeanne de Montfort, traita de la même manière les soldats qu'y avait laissés Louis. Celui-ci se rendit maître de Guimgamp, que les habitants livrèrent après avoir massacré leur gouverneur, qui voulait défendre sa ville jusqu'à la dernière extrémité. Il s'empara ensuite de Guérande, qui fut saccagée par ses troupes et dont toute la population fut égorgée; puis, ayant pris tous les navires qu'il rencontra sur ces rivages, il s'en alla guerroyer en mer.

Les gens d'Auray, réduits à une horrible famine, prirent un parti désespéré : ils sortirent de leur ville et essayèrent de se frayer un chemin à travers les soldats de Charles de Blois; mais ils périrent presque tous, et Charles alla prendre Vannes et Carhaix.

Louis d'Espagne, après avoir navigué pendant quelque temps, revint avec sa flotte et débarqua dans le pays de Quimper, qu'il mit à feu et à sang. A la nouvelle de ces désastres, les plus braves chevaliers renfermés à Hennebon avec Jeanne marchèrent contre lui et prirent d'abord sa flotte. Les Bas-Bretons s'unirent à eux pour écraser leurs oppresseurs, et Louis, n'ayant plus avec lui que peu de monde, courut vers les vaisseaux dont il se croyait encore le maître. Sa surprise et sa rage, lorsqu'il les vit au pouvoir de l'ennemi, furent extrêmes; il s'enfuit sur une simple barque, et, après avoir échappé ainsi à ceux qui le poursuivaient, il revint à terre et gagna Rennes. La comtesse fut fort émerveillée des beaux faits d'armes de Gauthier de Mauny et de ses compagnons et les fêta grandement à leur retour à Hennebon.

Edouard III, à qui elle s'était adressée de nouveau, lui envoya des renforts, et Charles de Blois alla remettre le siége devant cette place, qui avait résisté à Louis d'Espagne et à Hervé de Léon. Son armée s'était grossie de beaucoup de seigneurs bretons qui, croyant la partie de Montfort perdue, l'avaient abandonné.

Les guerriers d'Hennebon opposèrent à tous ses efforts une résistance héroïque; joignant la raillerie à la vaillance, ils feignaient d'essuyer, avec leurs chaperons, les murailles contre lesquelles les machines de guerre lançaient des pierres et des quartiers de roche. Ce que voyant le duc d'Espagne, il courut à la tente de Charles de Blois et le requit de lui accorder, en récompense de ses bons services, ce qu'il allait lui demander.

Charles, ne se doutant pas de ce qu'il allait exiger, s'y engagea sous la foi du serment. Alors Louis le somma de lui remettre, pour en faire à sa volonté, Le Bouteiller et du Fresnoy, qu'il retenait prisonniers. Charles, commençant à se repentir de son imprudente promesse, l'interrogea sur le sort qu'il réservait à ces deux vaillants hommes, et lorsque Louis lui eut avoué qu'il voulait leur faire couper la tête devant les murs d'Hennebon, ce prince fit tout ce qu'il était possible de faire pour l'en dissuader. Mais Louis ne voulut rien entendre et jura que si Charles ne tenait point sa parole, il le quittait pour toujours.

La crainte de violer son serment fut sans doute plus forte sur l'esprit de Charles de Blois que celle de perdre un bon serviteur; quoi qu'il en soit, il fit amener les deux prisonniers et les remit à Louis d'Espagne, qui leur annonça que l'heure de leur mort était proche, et les invita à s'y préparer.

Les seigneurs joignirent en vain leurs instances à celles de Charles, et aux réclamations des prisonniers. Louis déclara que rien ne pouvait l'empêcher d'accomplir ce qu'il avait résolu.

C'eût été une tache pour toute l'armée française que le supplice de ces braves guerriers pris les armes à la main; aussi se trouva-t-il dans le camp quelqu'un pour avertir les seigneurs ennemis du sort qui menaçait deux des leurs. Jeanne savait quel danger courait ces deux bons serviteurs, car elle connaissait Louis d'Espagne; aussi supplia-t-elle les gentilshommes qui l'entouraient d'essayer de les sauver, ce qu'ils promirent de grand cœur. A l'heure où les prisonniers résignés se préparaient à mourir, on entendit un grand tumulte aux abords du camp. C'étaient les assiégés qui, ayant à leur tête le sire de Clisson, s'étaient avancés jusqu'aux premières tentes, les renversaient et sur leur passage un grand nombre de victimes. En un instant chacun fut debout et courut à l'ennemi, qui regagna, en se défendant, les portes de la ville. Les archers qui gardaient les remparts criblèrent de traits les Français, qui le leur rendirent, et l'action se prolongea ainsi. Pendant ce temps, un groupe de cavaliers d'Hennebon s'étant rendu droit aux tentes de Charles, avaient enlevé les deux prisonniers. Lorsqu'ils furent en sûreté dans la place, Clisson fit rentrer tous ses gens d'armes, et s'adressant aux Français, leur dit :

« Seigneurs ! Seigneurs ! vous gardez mal vos prisonniers !... »

Louis d'Espagne, devinant la vérité, courut au camp, et, ne trouvant plus ceux qu'il se faisait une si grande fête d'immoler à sa vengeance, il en fut vivement courroucé. Il alla trouver Charles de Blois, et réclama de lui deux autres prisonniers qui venaient d'être faits dans le combat; mais Charles, que son serment ne liait plus, les lui refusa, sans prendre nul souci de ses menaces ou de ses reproches, et ces deux seigneurs en furent si touchés, qu'ils combattirent dès-lors sous son étendard.

Après avoir tenu longtemps assiégée la place où Jeanne se défendait si vaillamment, Charles se vit contraint de l'abandonner. La trahison lui livra la ville de Jugon ; mais cet avantage ne le consola pas de la nécessité de céder, pour la seconde fois, devant une femme.

Edouard III envoya en France une nouvelle flotte, non pour Jeanne, qui était allé quérir ce nouveau secours, mais parce qu'il convoitait la conquête de la Bretagne. Les vaisseaux français marchèrent à la rencontre de cette flotte, sous le commandement de Louis d'Espagne et du génois Doria. Robert d'Artois et plusieurs illustres seigneurs anglais étaient leurs adversaires. De part et d'autre on fit des prodiges de valeur, et les navires s'étant tellement approchés les uns des autres, qu'on pouvait combattre comme sur terre, il y eut un affreux carnage. Jeanne surtout se distingua dans cette action; elle revenait d'Angleterre, sur l'un de ces vaisseaux ; elle mit l'épée à la main, et ne cessa de se conduire, pendant tout le combat, comme eût pu le faire le plus vaillant homme de guerre. La nuit étant venue séparer les deux flottes, il fut convenu que le lendemain matin, à l'aube, on reprendrait les armes ; mais assez de sang avait été versé. Une tempête s'éleva, les Français gagnèrent la haute mer, et Jeanne vint aborder non loin de Vannes. Elle avait perdu quatre bâtiments, et Charles, deux. Secondé de Robert d'Artois, elle alla assiéger Vannes et s'en empara. Mais elle n'occupa pas longtemps cette place; les chevaliers qui en avaient été chassés revinrent à la charge, et l'en chassèrent à son tour. Robert d'Artois, blessé dans cette attaque, mourut en regagnant l'Angleterre.

C'était lui qui avait inspiré à Edouard le désir et l'espoir de conquérir la France; aussi, en apprenant la nouvelle de sa mort, le monarque anglais résolut de venir, en personne, commander ses armées. Il appela autour de lui tous les gens d'armes de son royaume, débarqua à Brest, enleva un grand nombre de places, et entra à Hennebon, où la comtesse le reçut et le festoya joyeusement. Puis il attaqua à la fois Vannes, Rennes et Nantes; et, après avoir laissé devant ces deux dernières places ses plus habiles capitaines, il revint à Vannes, où se passaient les plus beaux faits d'armes. Sur ces entrefaites, Louis d'Espagne attaqua la flotte anglaise et la réduisit en un tel état, qu'elle dut chercher asile à Hennebon et à Brest.

Quand Philippe de Valois vit Edouard arriver en Bretagne avec une armée considérable, il n'abandonna pas son neveu, et lui envoya plus de trente mille hommes, sous les ordres du duc de Normandie (depuis roi de France, sous le nom de Jean le Bon). Ces troupes marchèrent au secours de Nantes, dont Edouard n'avait encore pu s'emparer, et celui-ci ne jugea pas à propos de les attendre. De là, elles se rendirent à Vannes, qu'Edouard abandonna également, et se trouvèrent en présence de l'armée anglaise. Philippe VI était attendu dans le camp français, et devait amener de nouveaux renforts. Les seigneurs d'Harcourt et de Clisson en firent, dit-on, informer secrètement le roi d'Angleterre qui, profitant de cet avis, offrit la bataille au duc de Normandie. Les deux armées allaient en venir aux mains, lorsque Philippe arrivant, Edourd changea d'avis, et se fit attendre pendant plusieurs jours par ce redoutable ennemi, ce qu'il ne faisait sans doute que pour laisser à l'ardeur des Français le temps de s'éteindre, puis il s'avança vers eux.

Cette bataille eût été décisive, peut-être, et eût mis fin à cette longue et cruelle guerre dont la Bretagne était le théâtre; aussi chacun en attendait l'issue avec autant d'impatience que de crainte; mais elle n'eut pas lieu. Le pape Clément VI, saisi de douleur à la pensée de tant de braves gens dont le sang avait déjà coulé sans éteindre cette querelle, et plein d'une profonde pitié pour ceux qu'attendait le même sort, se souvint que c'était à lui, père de tous les chrétiens, d'essayer de rétablir la paix entre ces deux grandes puissances, qui menaçaient de s'exterminer plutôt que de se rien céder. Il dépêcha vers ses deux fils de France et d'Angleterre deux vénérables vieillards, deux princes de l'Eglise, chargés de leur représenter les maux qu'avait causés leur obstination réciproque, et de les supplier, au nom du Christ, leur commun maître, d'oublier toute haine et de ne plus prodiguer ainsi la vie de leurs fidèles sujets.

La mission de ces hommes de Dieu était difficile à remplir, car cette haine qu'ils étaient chargés de calmer avait jeté de profondes racines dans le cœur des deux rois, et chacun d'eux tenait à honneur de n'y point renoncer. Cependant la sainte parole des légats ne pouvait rester sans effet; remplis du zèle de la charité, et soutenus par l'autorité divine dont ils étaient les représentants, ils parvinrent à faire signer aux envoyés de Philippe et d'Edouard une trêve de trois ans, et à faire jurer sur l'Evangile, que ces deux souverains s'en rapporteraient, pour leurs griefs personnels, à la décision du Saint-Père.

Edouard reprit, avec toute son armée, le chemin de l'Angleterre, et Philippe, celui de France. Mais le traité conclu à Malestroit, sous l'influence des deux légats, n'ayant pas été statué sur les prétentions de Jean de Montfort et de Charles de Blois, la Bretagne, bien que réduite à ses propres forces, ne se trouva pas moins divisée entre ces deux partis, qui, n'étant pas liés par le serment de Philippe et d'Edouard, reprirent bientôt les hostilités.

D'un autre côté, le roi de France ayant eu connaissance de la trahison dont Olivier de Clisson s'était rendu coupable, en livrant aux Anglais le secret de son arrivée, le fit arrêter et décapiter, sans autre forme de procès. Puis ayant fait saisir quatorze autres seigneurs bretons, il les fit périr de même.

L'indignation de la noblesse fut extrême, à cette nouvelle, et un grand nombre de partisans de Charles de Blois abandonnèrent son parti, et se donnèrent à Jeanne de Montfort. Quant à Jean, il était toujours prisonnier. Philippe ayant promis, à Malestroit, d'observer fidèlement les clauses du traité de Nantes, traité violé par l'emprisonnement de Montfort, lui fit offrir la liberté, à la condition qu'il renoncerait à ses droits sur le duché de Bretagne. Malgré toutes les souffrances qu'il avait endurées, malgré toutes celles qui lui étaient réservées, Jean, digne d'avoir pour femme une héroïne, refusa cette liberté tant souhaitée qu'il pouvait acheter d'un seul mot, car ce mot lui semblait une lâcheté.

Quand Édouard apprit comme Philippe avait traité Clisson et les autres seigneurs bretons, il entra dans une grande colère, et ne voulut rien moins que faire périr par le même supplice Hervé de Léon, qui était tombé en son pouvoir. Mais un des courtisans qu'il affectionnait le plus, lui ayant dit combien de telles représailles lui seraient un jour reprochées, et l'ayant engagé à prendre soin de son honneur plutôt que de sa vengeance, et à épargner un innocent, Édouard comprit ce noble langage, et rendit grâces à celui qui le lui faisait entendre. Ayant mandé le sire de Léon, il lui rendit la liberté sous la promesse d'une légère rançon, à la condition qu'aussitôt rentré en France, Hervé se rendrait auprès de Philippe VI, et lui dirait que, d'après les actes dont ce monarque s'était rendu coupable, le roi d'Angleterre regardait comme rompue la trêve de Malestroit, et défiait de nouveau son rival.

Hervé de Léon s'acquitta fidèlement de ce message, et, Édouard ayant porté plainte au pape contre Philippe, la guerre éclata de nouveau.

Jeanne de Belleville, femme de Clisson, montra, dans ces circonstances, un courage héroïque. Loin de se laisser abattre par la mort de son mari, qui lui laissait un fils âgé de sept ans à peine, elle assembla quatre cents gentilshommes, et, imitant la courageuse comtesse de Montfort, elle quitta les ajustements de la femme pour l'armure du guerrier, et après maint exploit, tant sur terre que sur mer, elle se rendit à Hennebon, où Jeanne la reçut, elle et sa suite, avec tout le respect dû à son malheur et à sa vaillance. Par les soins de la comtesse, le fils de cette noble veuve, qui, plus tard, devint le connétable Olivier de Clisson, fut envoyé à la cour d'Édouard III, où était élevé le jeune Jean de Bretagne.

Charles de Blois, que Jeanne de Penthièvre avait su rendre aussi jaloux de ses droits qu'elle l'était elle-même, et qui, après avoir longtemps désiré la paix du cloître, était devenue d'humeur aussi guerrière que quelque chevalier que ce fût, bien qu'il n'eût rien perdu de sa piété, ni rien retranché des austérités de sa vie et de ses exercices religieux, vint mettre le siége devant Quimper, et s'en empara le jour même. Les soldats massacrèrent dans cette malheureuse ville plus de douze cents personnes. L'aumônier de Charles, Alain du Tenou, allait bénissant les mourants, et s'efforçant de calmer la rage de ces féroces vainqueurs, tantôt en les menaçant de la colère du ciel, tantôt en les conjurant avec larmes de ne point verser le sang de leurs frères ; mais nulle guerre n'est plus cruelle et plus impitoyable que la guerre civile; ni ses menaces, ni ses prières n'étaient entendues. Il courut alors vers Charles, et lui montrant un petit enfant pleurant sur le sein de sa mère égorgée, il lui demanda de faire cesser cet affreux carnage. Charles, non moins ému que lui-même d'un si déchirant tableau, donna aussitôt les ordres les plus sévères pour que le reste de la population fut épargné; mais c'était y songer bien tard.

Les prisonniers faits à Quimper furent envoyés à Paris, où Philippe de Valois leur fit subir le même sort qu'aux seigneurs bretons dont nous avons parlé. Ces cruautés inutiles nuisirent plus au parti de Charles, que ses conquêtes ne le servirent; elles lui alliénèrent le cœur de ses fidèles serviteurs, et Jean de Montfort, en étant instruit dans sa prison, crut qu'elles l'autorisaient à tromper la surveillance de ses gardiens. Cédant donc aux instances de ses amis, il se déguisa, et sortit de la tour où il avait voulu rester plutôt que de signer sa déchéance. Il se rendit en Angleterre. Edouard l'accueillit et lui promit de nouveaux secours. En échange de cette promesse, Montfort lui fit hommage du duché de Bretagne.

Ce fut une grande joie à Hennebon que le retour de Jean échappé enfin du cachot où il avait gémi pendant quatre ans; mais il ne garda pas longtemps le commandement que Jeanne avait été si heureuse de lui remettre : les souffrances morales qu'il avait endurées pendant sa captivité avaient brisé ses forces;

il mourut quelques mois après son évasion, en choisissant Edouard III pour tuteur de son fils.

Ce nouveau malheur n'abattit point le courage de Jeanne, elle reprit l'épée qu'elle avait un instant quittée, et continua de disputer avec acharnement à Charles de Blois l'héritage de son enfant. La Bretagne, ravagée par les deux armées, écrasée d'impôts, couverte de sang et de ruines, eut de plus à souffrir une horrible famine. Ce fléau est la suite inévitable des longues guerres. Chacun quitte la charrue pour l'épée; on ne cultive plus, on n'ensemense plus la terre, ou si l'on essaie encore de se préparer des ressources pour un avenir sur lequel on ne compte plus, les champs sont foulés par les chevaux, et les moissons dévorées par l'incendie.

Geoffroi d'Harcourt, qui avait échappé au malheureux sort de Clisson, et cherché un asile à la cour d'Edouard, conseilla à ce prince, décidé à prendre les armes contre Philippe, de porter la guerre en Guyenne, puis en Normandie. La victoire le suivit, et remontant la Seine, jusqu'en vue des murs de Paris, il porta partout la terreur et la désolation, Philippe rassembla à la hâte son armée, et Edouard se replia vers la Flandre, poursuivi par son adversaire. Arrivé sur les bords de la Somme, il en trouva tous les ponts coupés. Alors il comprit combien il avait eu tort de s'avancer ainsi sans songer à préparer la retraite, et, sûr d'être écrasé par les forces de Philippe, il se disposa du moins à vendre chèrement sa défaite, et peut-être sa vie.

Il n'en devait pas être ainsi pourtant. La trahison vint en aide au roi d'Angleterre; séduit par l'appât de l'or, un Français enseigna à Edouard un gué par lequel ses troupes passèrent aussitôt. Elles se placèrent sur une hauteur près de Crécy, et s'étant fortifiées, elles attendirent l'ennemi. Les Français, qui, depuis Paris, marchaient sur leurs traces sans pouvoir les atteindre, ne les eurent pas plutôt aperçues, qu'emportés par leur ardeur, sans prendre le temps de se reposer et d'envisager la position des deux armées, ils coururent sus aux Anglais, malgré les ordres de Philippe. Ces premiers assaillants furent repoussés sans efforts ; il en fut de même de ceux qui leur succédèrent, et ce mauvais succès porta la confusion dans l'armée française. Le roi, qui arrivait alors, rallia autour de lui sa vaillante noblesse et ses braves hommes d'armes ; mais les Anglais, exaltés par leurs premiers triomphes, les reçurent de telle façon, que bientôt tout se débanda et prit la fuite. Philippe combattit héroïquement, jusqu'à la fin, au milieu d'un petit groupe d'hommes résolus ; il ne voulait pas survivre à une si désastreuse défaite; il fallut qu'on l'entraînât hors du champ de bataille sur lequel il laissait trente mille morts et l'élite de sa noblesse.

Edouard, sans perdre de temps, se dirigea vers Calais, et s'en empara après onze mois de siége. Irrité de cette longue résistance, le monarque ne voulut pardonner aux braves gens qui s'étaient si noblement défendus qu'à la condition que six des plus notables d'entre eux, se dévouant à la mort pour le salut de tous, viendraient nu-pieds, en chemise et la corde au cou, lui remettre les clés de la ville, et porter ensuite leur tête à la hache du bourreau. Tout le peuple, réuni sur la place publique, attendait avec angoisse la décision du vainqueur ; mais quand les députés, chargés de traiter de la reddition de la ville, eurent rendu compte du triste succès de leur message, la consternation fut au comble. Où trouver les six victimes exigées? Edouard serait impitoyable, on le savait, et pourtant il n'y avait point à hésiter : dès que le delai fixé par lui serait expiré, si sa vengeance n'était point satisfaite, la ville entière serait passée au fil de l'épée.

Livrer sa vie pour sauver celle de tant d'innocents, c'était un sublime dévouement ; mais les grandes circonstences font naître les héros.

Eustache de Saint-Pierre, l'un des principaux habitants, annonça que, plein de confiance en la miséricorde de Dieu, s'il donnait sa vie pour sauver celle de ses concitoyens, il voulait être le premier à faire le sacrifice. Tant de générosité ne pouvait rester sans imitateurs, et bientôt les six martyrs quittent la ville et se rendent auprès d'Edouard. Eustache lui en remet les clés, et le roi ordonne que ses compagnons et lui soient aussitôt conduits au supplice.

Les seigneurs anglais, touchés de tant de courage et de dévoûment, conjurent le roi de pardonner. Edouard avait prêté plus d'une fois l'oreille aux conseils de la clémence et de la générosité ; mais onze mois de siége et la perte d'une foule de vaillants guerriers l'avaient si fort irrité, qu'il déclara sa résolution inébranlable.

La sentence allait être exécutée, lorsque la reine d'Angleterre, Philippine de Hainaut, digne par ses exploits et sa grandeur d'âme, d'être comparée à Jeanne de Montfort, vint se jeter aux pieds d'Edouard, et, le suppliant avec larmes, non-seulement de rendre justice à ces généreux Calaisiens, mais aussi de prendre soin de son honneur, qu'une telle barbarie entacherait à jamais, elle désarma sa colère et eut la joie de rendre à Eustache et à ses nobles compagnons la vie et la liberté. Tous les habitants de la ville de Calais en furent chassés ; Edouard la repeupla de ses sujets, la fortifia, et elle demeura au pouvoir des Anglais jusqu'en 1585. On était alors en 1347.

Les troupes qu'Edouard avait laissées en Bretagne ne restaient pas non plus inactives. Elles avaient ravagé la Basse-Bretagne et repris sur Charles de Blois plusieurs places, entre autres la Roche Derrien. Charles revint presque aussitôt assiéger cette ville. La fureur était telle, parmi les assiégeants et les assiégés, qu'on se battit jour et nuit, la clarté des flambeaux remplaçant, le soir, la clarté du soleil. Charles de Blois et Thomas d'Agworth, son adversaire, étaient également braves : Thomas avait tenu tête à toute l'armée française avec une poignée d'hommes seulement ; Charles se couvrit de gloire à la Roche-Derrien. Environné de morts tombés sous ses coups, et affaibli par dix-huit blessures, il se défendit pendant deux heures, et ce ne fut que lorsqu'il n'eut plus assez de vie pour soutenir son épée, qu'il la remit à un seigneur breton, partisan de Jeanne. Thomas ne se montra pas à la hauteur de son triomphe : Charles de Blois avait été porté mourant à la Roche-Derrien et déposé sur un lit; d'Agworth alla l'y voir et le somma de se rendre à lui. Charles s'y refusa, ne voulant point se soumettre à un Anglais. Thomas, furieux, ordonna à quatre soldats d'achever cet ennemi, qui, tout vaincu qu'il était, osait lui résister. Charles attendit la mort; mais les seigneurs qui étaient présents empêchèrent que les ordres du capitaine fussent exécutés. Celui-ci alors, bassement cruel, fit enlever le matelas sur lequel Charles était étendu et le fit jeter sur la paille. Le blessé montra alors le courage et la résignation qui font les saints. Loin de murmurer ou de chercher à se venger d'une si lâche barbarie, il bénit Dieu, avoua qu'il méritait d'être traité de la sorte, et jura de ne se permettre jamais un plus moelleux coucher.

Jeanne de Montfort permit à Jeanne de Penthièvre de venir soigner, à Vannes, le prince son époux. Charles de Blois prisonnier, la guerre était désormais entre ces deux femmes, combattant chacune pour conserver ce qu'elle regardait comme devant être l'héritage de ses enfants, héritage bien appauvri, il est vrai, mais auquel chacune d'elles aussi tenait en raison des maux qu'il lui avait causés. Jeanne de Penthièvre ou Jeanne-la-Boiteuse, car on l'appelait indifféremment de ces deux noms, n'avait pas pris une part aussi active que sa rivale à tous ces sanglants démêlés; mais elle était le conseil de son mari, et si Charles était le bras, Jeanne était la tête de son parti. Ce parti venait de faire une grande perte; mais l'abus que les Anglais firent de leur victoire, lorsqu'ils virent Charles prisonnier, révolta si fort le peuple de Bretagne, qu'ayant demandé des secours à la France, ces braves gens reprirent la Roche-Derrien, et se donnèrent à Jeanne de Penthièvre.

Philippe de Valois mourut en 1350, après avoir renouvelé la trêve avec l'Angleterre, et laissa pour successeur Jean II, son fils, duc de Normandie.

Montfort de Penthièvre continuait de guerroyer en Bretagne,

et ce pauvre pays fut réduit en si triste état, que les guerriers eux-mêmes se prirent de pitié à la vue des chaumières incendiées, des chevaux de labour emmenés ou dévorés, des blés détruits, et de la faim qui chaque jour allait croissant. Il fut convenu qu'on n'entreprendrait rien à l'avenir contre les laboureurs et les gens paisibles, vivant de leur commerce ou de leur travail, et qu'on épargnerait autant que possible leurs biens et leurs personnes. Au mépris de cette convention, signée par Thomas d'Agworth, Bembourg, qui l'avait remplacé dans le commandement, ayant ravagé les terres des environs de Ploërmel et emmené prisonniers plusieurs paysans, Robert de Beaumanoir, gouverneur de Josselin et partisan de Charles de Blois, alla trouver Bembourg pour essayer de mettre fin à ces inutiles cruautés. Bembourg reçut fort mal ses reproches, et lui dit, entre autres choses, que ce n'était point aux Bretons de dicter des lois aux Anglais. Là-dessus, Beaumanoir répondit que les Bretons n'étaient pas moins braves que les Anglais, et que si Bembourg en voulait avoir la preuve, il choisît parmi les siens trente guerriers, que lui, Beaumanoir, en ferait autant; que les champions, ainsi élus, combattraient pour les deux partis et sans que le peuple eût à en souffrir.

Bembourg accepta le défi ; on convint du jour et de l'heure, et l'on se sépara. Ce combat des Trente, un des épisodes héroïques de cette longue guerre, si féconde en épisodes, a été le sujet d'un poëme du temps. Nous en essaierons l'analyse quand nous visiterons l'arrondissement de Ploërmel, où ce mémorable combat eut lieu, et, à la gloire des chevaliers bretons, amena pour la Bretagne une trêve d'une année.

Les désastres de cette province et le tort que s'y faisaient réciproquement la France et l'Angleterre ne suffisaient pas à assouvir la haine que se portaient Edouard et Jean, héritiers des ressentiments de Philippe de Valois aussi bien que de sa couronne. Une conspiration, formée par le roi de Navarre, Charles le Mauvais, contre le roi Jean, son beau père, fut le prétexte d'une nouvelle guerre. Le roi, instruit de ce complot, fit arrêter

Charles à Rouen, et fit décapiter quatre seigneurs qui avaient conspiré avec lui. Les partisans de Charles coururent aux armes pour obtenir sa délivrance, et Edouard se déclara l'un de ses plus chauds défenseurs.

Le prince de Galles, fils aîné d'Edouard, était en Guyenne, province qui appartenait alors aux Anglais ; il quitta ce pays avec dix mille hommes, et, ravageant tout sur son passage, s'avança vers le centre de la France. Jean fit ce qu'avait fait son père en pareille rencontre, il appela à son aide la noblesse et les hommes d'armes de son royaume, et réunit bientôt autour de lui une armée considérable. Le Prince Noir, c'est ainsi qu'on appelait le prince de Galles, qui toujours portait dans les combats une armure de fer bronzé, le Prince Noir donc, ayant appris que cette armée, six fois plus nombreuse que la sienne, se mettait en marche, voulut regagner la Guyenne. Mais Jean ne lui en laissa pas le temps ; il fit si grande diligence qu'il l'atteignit près de Poitiers. Les Anglais se crurent perdus, et, malgré toute sa vaillance, le prince de Galles, craignant de voir tous ses soldats hachés jusqu'au dernier, envoya vers Jean un parlementaire chargé de lui offrir, de la part du Prince Noir, un acte de renonciation à ses conquêtes, et la promesse que pendant sept ans il ne porterait pas les armes contre la France.

Quelque avantageuses que fussent ces propositions, le roi, sûr de la victoire, ne voulut point les accepter. En effet, s'il eût écouté les conseils de la prudence, rien ne lui était plus facile que de se rendre maître par la famine de ces dix mille Anglais qui, pressés dans leur retraite, avaient à peine pu se munir de vivres pour vingt-quatre heures et s'étaient retranchés sur une hauteur que les Français cernaient entièrement. Mais Jean était plus courageux que prudent ; il courut attaquer son adversaire, et la bataille de Poitiers vint s'inscrire à côté de celle de Crécy, dans les fastes de l'Angleterre. Les Anglais, ainsi assaillis, se défendirent en désespérés, et repoussèrent l'avant-garde française. Alors ce fut moins un combat qu'une déroute. Jean, abandonné des siens, se battit en héros ; mais, seul contre une armee, il ne pouvait longtemps résister. Il fut fait fait prisonnier et traité par le Prince Noir avec tous les honneurs dûs à son rang et à son malheur. Mais Edouard n'imita point la générosité de son fils ; il retint le roi captif jusqu'en 1359. Alors Jean signa un traité par lequel il cédait à l'Angleterre les provinces possédées sur le continent par ses prédécesseurs et s'engageait à lui payer une rançon de quatre mille écus d'or. Ces conditions paraissant trop onéreuses aux états, elles ne furent point ratifiées; Edouard entra de nouveau en France, et s'avança jusqu'aux portes de Paris. Il ne put s'en rendre maître et signa le traité de Brétigny, qui lui donnait Calais, le Poitou, la Saintonge et le Limousin, à condition qu'il renoncerait à ses prétentions sur la couronne de France, prétentions dont il ne s'était pas encore départi et qui lui servaient a chaque instant pour recommencer les hostilités. On promit, en outre, trois millions d'écus d'or pour la rançon du roi, qui donna ses deux fils en otage jusqu'au paiement de cette somme, exorbitante pour un pays ruiné par les guerres. Jean était à peine de retour en France, que le duc d'Anjou, l'un de ces otages, quitta l'Angleterre. Esclave de sa parole, le monarque français retourna à Londres, où il mourut peu de mois après. « Quand la bonne foi serait bannie du reste de la terre, disait-il, elle devrait toujours se trouver dans le cœur et dans la bouche des rois. »

Quelques années auparavant, Charles de Blois avait recouvré sa liberté. Il était venu reprendre, en Bretagne, le commandement de son armée, et le jeune Montfort y avait rejoint sa mère. Il serait impossible de noter exactement tous les combats, tous les siéges de cette guerre qui durait depuis si longtemps et qui menaçait de passer des pères aux enfants. La Bretagne, si à plaindre qu'elle fût, restait divisée entre Blois et Montfort qui, tous deux, la ravageaient, et comme si ce n'eût pas été assez de cette rivalité, qui devait coûter tant de sang à cette pauvre terre, le brigandage y avait reparu, ce qui échappait à Blois et à Montfort, aux Anglais et aux Français, devenait la proie des pillards armés.

C'est quelques années avant la paix de Brétigny qu'on vit paraître sur le théâtre de cette guerre le bon chevalier Bertrand Duguesclin. Par haine des Anglais, il avait embrassé le parti de Charles de Blois, et ne laissait échapper aucune occasion de les harceler et de leur causer du dommage. Combattre contre un Anglais était son suprême bonheur. Le premier service qu'il rendit à Charles fut de faire lever le siége de Rennes, ainsi que nous l'avons vu au commencement de ce livre.

La paix de Brétigny ayant laissé au roi de France et au roi d'Angleterre le droit d'intervenir dans la guerre de Bretagne, on n'y voyait plus de terme. Le jeune Montfort se montrait digne de son père et de sa mère, et tenait vaillamment tête à Charles de Blois. Il était secondé par Olivier de Clisson, cet enfant que la comtesse Jeanne avait envoyé à la cour d'Angleterre, lorsque la veuve de l'infortuné Clisson était venue se donner à elle avec ses gentilshommes et ses vassaux.

Las de tant d'efforts, triste à la pensée de tout le sang qu'il avait fait répandre et pressé par ses adversaires, Charles de Blois proposa à Montfort d'en finir par une bataille à la suite de laquelle le vainqueur serait reconnu duc de Bretagne, de l'aveu même du vaincu. Montfort accepta cet arrangement; mais les évêques bretons, ayant appris cette décision, se rappelèrent quel était leur devoir et essayèrent de le remplir comme avait fait jadis le pape Clément VI. Ils se rendirent auprès des deux princes et leur persuadèrent de consentir à un partage plutôt que de livrer cette bataille décisive qui allait coûter la vie à tant de monde.

Charles prêta de grand cœur l'oreille à la voix qui parlait au nom du Dieu de paix et de pardon ; car, nous l'avons dit déjà, c'était avec grand regret qu'il poursuivait, à travers les horreurs de la guerre, un pouvoir qui pour lui n'avait aucun attrait. Quant à Montfort, généreux comme on l'est quand on est jeune, il aimait mieux ne posséder qu'une partie de la Bretagne que de prolonger pendant bien des années encore, peut-être, les maux dont elle avait déjà tant souffert. On convint donc que la protince serait partagée en deux Etats, dont l'un obéirait à Charles et aurait Rennes pour capitale, tandis que l'autre serait soumis à Montfort, qui résiderait à Nantes. Le traité fut signé, et les deux rivaux jurèrent sur l'Evangile d'en remplir loyalement les conditions.

Charles de Blois, n'ayant de droits sur la Bretagne que ceux qu'il tenait de Jeanne de Penthièvre, sa femme, il était nécessaire que ce traité fût ratifié par elle. Mais l'ambitieuse princesse n'eût pas plus tôt appris à quelles conventions Charles avait souscrit qu'elle éclata en reproches contre lui, disant qu'il s'était montré bien peu soucieux de l'héritage qu'elle l'avait chargé de défendre, et jurant que, s'il ne voulait pas continuer la guerre, elle irait elle même prendre le commandement de son armée; car elle aimait mieux mourir mille fois que de renoncer à si petite partie que ce fût de son duché de Bretagne.

Charles, lorsqu'il apprit cette réponse, en fut triste et confus, disent ses historiens; mais, pour ne point désobliger Jeanne de Penthièvre, il déclara à Montfort que la guerre allait recommencer. Duguesclin qu'il avait donné en otage à cet adversaire, s'évada du camp, enleva aux Anglais plusieurs châteaux forts et se rendit en France, où l'appelait le successeur de Jean le Bon. Après s'être emparé de Mantes et de Melun, après avoir gagné la bataille de Cocherel, qui lui valut le titre de maréchal de Normandie, il revint en Bretagne, où Charles de Blois et Montfort guerroyaient toujours. Quand Charles eut reçu ce renfort; car non-seulement Duguesclin valait à lui seul plus de mille combattants, mais il était suivi des fidèles Bretons qu'il avait toujours menés à la victoire, on lui conseilla de marcher contre et de terminer la guerre par un coup décisif, comme il avait voulu le faire avant l'intervention des évêques. Il y consentit, regrettant toutefois que la querelle n'eût pu être terminée sans effusion de sang et ne pouvant s'empêcher de dire à plusieurs reprises : « Quel malheur que ce différent ne-

puisse se vider entre mon adversaire et moi, sans coûter la vie à tant de braves gens ! »

Avant la bataille, chacun des deux princes fit, dit-on, offrir la paix à son ennemi ; mais les seigneurs de l'un et de l'autre parti se refusèrent à toute concession. On en vint aux mains. Ce fut une admirable bataille, au dire des contemporains ; il s'y donna « moult grands et moult beaux horions » ce qu'on peut croire ; car ces deux armées comptaient les plus nobles et les plus illustres chevaliers de leur siècle. Olivier de Clisson y perdit un œil, sans pour cela cesser de combattre. Montfort paya vaillamment de sa personne ; Charles de Blois fut tué les armes à la main, selon les uns, et, selon les autres, égorgé par un Anglais, bien que, ne pouvant plus combattre, il se fût rendu. Enfin, Duguesclin, après avoir fait des prodiges d'audace et de valeur, après avoir brisé, l'une après l'autre, ses armes, en s'efforçant de vendre chèrement sa vie, se rendit à Chandos, un des plus braves capitaines de Jean de Montfort. L'armée de Charles fut dispersée ou détruite, et tous les seigneurs qui en faisaient partie furent tués ou faits prisonniers.

Cette fameuse bataille eut lieu dans les champs d'Auray, le 29 septembre 1364. Lorsque Jean de Montfort apprit qu'on avait retrouvé, parmi les morts, son compétiteur Charles de Blois, il se fit conduire au lieu où on l'avait déposé. Il s'agenouilla pieusement auprès de ce cadavre, lui découvrit le visage et ne put retenir ses larmes. « Ah ! monseigneur Charles, monseigneur Charles, beau cousin, s'écria-t-il, comme pour votre opinion maintenir, sont avenus en Bretagne maints grands mes-chefs ! Si Dieu m'aist ! il me déplait quand je vous trouve ainsi, si être pû autrement. » Jean ordonna que le corps de Charles de Blois fut transporté à Guinguamp, et l'y fit inhumer en grande pompe.

Une trêve de trois jours fut accordée, afin que chacun pût aller reconnaître ses morts, leur donner la sépulture chrétienne ; puis Jean fit occuper la ville d'Auray, s'empara de plusieurs places, et vint mettre le siége de Quimper.

La mort de Charles de Blois n'eût point terminé la guerre si Jeanne de Penthièvre eut trouvé, dans le roi de France, un protecteur disposé à soutenir ses droits, qu'elle avait déjà si chèrement fait valoir; mais Charles V, qui avait succédé à Jean le Bon et que l'histoire devait honorer du nom de Sage, envoya vers Montfort des députés chargés de lui reconnaître le titre de duc de Bretagne, s'il voulait faire hommage de ce duché à la France. Montfort ne pouvait y consentir que de l'aveu d'Edouard III, son beau-père et son défenseur pendant tant d'années. Edouard, las de la guerre et arrivé à la vieillesse, conseilla à son gendre la modération, et l'autorisa à tout faire pour établir solidement la paix.

Elle fut enfin signée à Guérande, la veille de Pâques, de l'année 365. Jean donnait à la veuve de son compétiteur le comté de Penthièvre et le vicomté de Limoges, et reconnaissait les droits de ses fils au duché de Bretagne pour le cas où lui-même mourrait sans héritiers mâles.

ENVIRONS DE NANTES.

Si, après avoir visité les monuments de Nantes et passé quelques jours à relire son histoire, vous voulez vous dédommager de l'application que cette étude vous a coûtée, sortez de la ville, et, de quelque côté que vous tourniez vos pas, vous verrez une belle nature, des sites pittoresques et de si charmants paysages que vous serez fort étonnés si, les contemplant, vous venez à vous rappeler ce que vous ne pouvez manquer d'avoir ouï dire de la pauvreté, de la nudité, de la tristesse de cette terre de Bretagne, tant dépeinte et tant chantée.

De Nantes à Clisson, le paysage ne laisse rien à désirer; de loin, cette jolie petite ville montre avec orgueil les majestueuses ruines de son vieux castel. Les hautes tours crénelées de la forteresse, auxquelles le temps a donné une teinte rougeâtre et qu'il a parées de mousse et de lierre, sont du plus bel effet, et si l'on voit passer derrière les créneaux l'ombre du connétable, si l'on se rappelle ses hauts faits, on sera forcé de convenir que le tableau ne pouvait être ni plus riant ni plus grandiose.

Ne serait-ce pas un chapitre digne de trouver place dans un recueil de contes de fées, que le récit de quelque épisode chevaleresque, fait devant ces belles ruines d'un gothique manoir? La chevalerie fut, en réalité, une bonne fée; elle vint donner un soutien au faible, à la veuve, à l'orphelin; et aux saintes croyances de la religion, des martyrs et des défenseurs, elle vint consoler et ennoblir l'humanité, en s'armant contre l'injustice et en remplissant l'univers des héroïques témoignages de sa foi, de son dévouement et de sa loyauté.

Nous avons dit ailleurs l'origine de cette institution, ses principales lois, ses coutumes; les épreuves qu'avaient à subir celui qui en voulait faire partie, les cérémonies religieuses et guerrières qui accompagnaient son admission, cérémonies qui se réduisaient à lui dire : « Tu ne t'appartiens plus; tes biens, ton bonheur, ta vie même, tout est à l'opprimé qui réclamera son aide, et à Dieu ton créateur, le père de tous les hommes. Ce titre de chevalier devint bientôt l'objet de l'ambition des plus nobles seigneurs, et si quelques-uns le déshonorèrent par leurs actes, la chevalerie, en général, resta grande, loyale et chrétienne, moins, sans doute, par la crainte des peines infligées au chevalier félon que par la généreuse émulation qu'excitait dans tous les cœurs le désir d'acquérir gloire et renom.

Ce château de Clisson rappelle, comme je vous le disais tout à l'heure, le connétable Olivier. Ce serait l'occasion de vous parler de ce guerrier; mais comme des trois connétables bretons dont l'histoire est celle de la France, Olivier de Clisson n'est que le second, nous nous occuperons de lui quand nous aurons jeté un coup d'œil sur la vie et les exploits de Duguesclin, que nous avons nommé déjà et qui, sans contredit, est le plus illustre des héros de son siecle.

A sept lieues environ de Clisson, du côté de l'ouest, près du bourg de Saint-Philibert, se trouve le lac du Grand-Lieu. C'est une nappe d'eau d'une lieue et demie d'étendue dans sa petite largeur. Il communique à la Loire par la rivière de l'Achenau. A la place de ce lac s'élevait jadis, à ce qu'assure la tradition, une grande et belle ville, nommée Herbauge, qui disparut un jour, engloutie par les sables qui forment le lit de cette eau si calme et si bleue. Ce n'est pas, du reste, le seul exemple que les chroniques bretonnes nous citent d'un pareil désastre. La ville d'Ys, dont nous aurons à parler, devint la proie des flots de l'Océan, et dans le département que nous traversons, la tour de Soulvache, assise sur un roc de cinquante pieds de hauteur, et élevée elle même de cinquante pieds, est tout ce qui reste de la ville de Soulvache, dont de vastes marais occupent aujourd'hui l'emplacement.

Avant de quitter le territoire nantais, mentionnons la magnifique perspective qu'on découvre du haut des coteaux de Mauves, bourg situé tout près de la Loire; le château de Seilleraye, demeure princière, qui s'honore d'avoir vu madame de Sévigne, dont nous avons déjà parlé; le Buron, où elle a séjourné, et qu'elle s'est plu à embellir sans se douter, peut-être, que son souvenir y vivrait si longtemps.

ANCENIS.

Ancenis était autrefois une place forte et la clef de la Bretagne, du côté de la France. Elle montre encore les ruines d'un château bâti par Aremburge, comtesse de Nantes, et assiégé, en 987, par Geoffroi Grise-Gonnelle, comte d'Anjou, qui y fut tué. Henri III, roi d'Angleterre, s'empara d'Ancenis, et ses successeurs en restèrent maîtres jusqu'à ce que l'épée de Jeanne d'Arc vint rendre à la France le courage de chasser les Anglais du continent. Louis XI prit cette ville et y signa, en 1468, un traité avec François II, le dernier des ducs de Bretagne. En 1488, La Trémouille en détruisit les remparts et en chassa les habitants, qui se réfugièrent à Nantes, puis il mit le feu à la ville. Charles VIII régnait alors en France, et il se vengeait ainsi de la protection que le duc François II accordait au duc d'Orléans, depuis Louis XII, révolté contre lui. Nous avons déjà retracé les principaux événements de cette guerre, à laquelle François ne survécut point. Pendant la Ligue, le château d'Ancenis fut de nouveau fortifié, mais, après le traité signé entre Henri IV et le duc de Mercœur, ces fortifications furent démolies par ordre du roi. En 1709, le château tombant en ruines, fut reconstruit, mais non rendu redoutable comme il l'était auparavant.

Ancenis oublie sa gloire et ses malheurs passés, en se livrant à l'industrie et au commerce. Le vin, les grains, le bois, la houille, le fer, les bestiaux et les abeilles, sont pour elle une source de richesses. Elle est très coquettement située sur la rive droite de la Loire, qui l'inonde de temps en temps, mais qui l'embellit beaucoup. Elle est environnée de collines sur lesquelles croît la vigne ; et son château, situé sur un coteau escarpé, qui domine tout le paysage, offre un coup-d'œil à la fois gracieux et imposant.

L'arrondissement d'Ancenis renferme un des monuments les plus remarquables et les mieux conservés de toute la province : c'est la tour d'Oudon, située aussi sur la rive droite de la Loire. Cette tour, à huit faces, fut bâtie au neuvième siècle ; elle est très élevée ; aussi l'on découvre de son sommet un horizon immense et des plus admirables. La tour et la chapelle Bourgonnière, le château de Vers, celui de Clermont, et plusieurs autres, méritent aussi l'attention du voyageur.

A cinq lieues d'Ancenis est le bourg de Varades, où les Vendéens passèrent la Loire en 1793 et près duquel mourut Bonchamp, un de leurs plus braves généraux.

CHATEAUBRIAND.

Cette ville doit son nom à un château que fit bâtir, vers l'an 1015, Briant, comte de Penthièvre, et dont il ne reste plus que trois tours, du plus pittoresque effet.

Au pied de ces ruines se groupent quelques centaines de maisons dont la construction atteste l'antiquité, ce qui ne doit nullement nous surprendre, car cette ville remonte au temps de l'occupation des Gaules par les Romains. On remarque, au château neuf, une galerie de pierre de quarante arcades, deux beaux escaliers, et l'on y admire une cheminée et une boiserie richement sculptées. Châteaubriand fabrique des étoffes de laine commune, et fait des conserves d'angélique qui jouissent d'une certaine réputation. En outre, elle s'occupe, comme Ancenis, du commerce des grains, des bois et du fer.

Derval, à quelques lieues de Châteaubriand, avait une forteresse dont Bertrand Duguesclin s'empara, et que le roi Henri IV fit démolir.

SAVENAY.

Savenay, ville assez mal bâtie et d'une population de deux mille âmes seulement, ne renferme rien de remarquable. Elle est située sur un coteau qui domine un des bras de la Loire. C'est là que Kléber et Westermann portèrent le dernier coup à l'armée vendéenne, le 22 décembre 1793, ou plutôt c'est là que furent immolés les débris de cette armée, après la bataille de Chollet. Un millier d'hommes à peine échappèrent aux bleus et se dispersèrent en Bretagne. On voit dans le cimetière de Savenay un monument élevé, en 1825, à la mémoire de tous ceux qui succombèrent dans cette journée.

Blain, à quatre lieues nord-est de Savenay, possède les restes d'un château-fort bâti par Alain-Fergent, duc de Bretagne. Ce prince obligea, dit-on, tous ses vassaux, établis dans un rayon de six à sept lieues, d'y venir travailler par corvée. Les Clisson et les Rohan continuèrent l'œuvre d'Alain-Fergent, et firent de ce château une des plus redoutables forteresses et une des plus magnifiques demeures de toute la Bretagne. Mais de ces splendides bâtiments, il ne reste plus qu'une aile, et des neuf tours disposées en jeu de quilles qu'on y voyait jadis, deux seulement sont encore debout, et l'une d'elles porte encore aujourd'hui le nom de Tour-du-Connétable, en souvenir du séjour qu'y fit Olivier de Clisson. Rien n'est plus majestueux, plus imposant que les ruines de ce monument de la puissance féodale.

Les marais de la Grande-Brière renferment une grande quantité de tourbe, qu'on exploite avec avantage. Ces marais couvrent l'espace occupé jadis par une épaisse forêt.

Le Pouliguen, situé à deux lieues de l'embouchure de la Loire, est un petit port qui fournit annuellement dix-sept millions de kilogrammes de sel, recueilli dans les marais salants qui l'entourent.

Guérande a près de neuf mille habitants; ses rues sont étroites; elle est entourée de remparts; elle possède une vieille église qui a porté longtemps le titre de cathédrale, et qui est ornée d'une chaire extérieure, comme Notre-Dame-de-Vitré.

Cette ville a des fabriques de toile de lin, mais ses salines surtout lui donnent de l'importance. C'est dans les marais salant du pays de Guérande que se recueille la plus grande partie du sel que le département de la Loire-Inférieure fournit à la France, quantité qu'on évalue à cinquante-sept millions de kilogrammes.

Le bourg de Batz, tout près de Guérande, sur les bords de l'Océan, a une belle église, dont le clocher hardi est surmonté d'une coupole élégante. Cette église fut construite en 1690, à cent mètres seulement de la mer; c'est le premier point que les navires aperçoivent en venant du large, et elle sert de guide aux pilotes pour les aider à éviter deux écueils très-dangereux, le Four et la Blanche, situés à deux lieues de l'entrée de la Loire. N'est-ce pas une heureuse idée que celle qui a fait élever au milieu des sables de l'Océan cette église, digne des siècles antiques, que le marin longtemps battu par la tempête salue avec autant de joie que de respect, et qui lui montre la route qu'il doit prendre pour entrer sûrement au port? Avant 1690, il y avait là aussi une église placée sous l'invocation de la Vierge. On en voit encore les murailles percées de belles ogives, à côté de la construction moderne.

La population de Batz a conservé la langue, les mœurs et le costume des anciens Celto-Saxons, dont ils sont une colonie. Ils ne se servent de la langue française que pour la troque, c'est à dire pour le commerce d'échange qu'ils font avec les étrangers auxquels ils livrent leur sel, et dont ils reçoivent des grains. Les hommes sont bien faits, grands et blonds; les femmes belles et pleines d'élégance; les jours de grandes fêtes, elles sont vêtues de mousseline et de riches étoffes, et parées de bijoux et de fleurs. Le costume des hommes est plus remarquable encore : ils portent de larges culottes blanches, deux vestes de différentes couleurs, un manteau court, un chapeau à larges bords retroussé sur l'oreille, et des souliers jaunes. C'est là leur grande toilette; celle des jours de travail ne leur sied pas moins : elle est entièrement blanche; c'est, du reste, la seule qui leur convienne, car leur unique occupation est de recueillir le sel à mesure que les rayons du soleil le dessèchent. Le laz, outil dont ils se servent pour le ramasser, est une longue gaule au bout de laquelle est adaptée une planche qui forme une espèce de râteau.

Les laboureurs n'ont pas le même costume, et leur physiono

mie indique une origine différente. Ils sont de plus petite taille, ont les cheveux noirs, le teint brun, et portent des vêtements de couleur sombre. Leurs femmes, moins grandes aussi que celles des faiseurs de sel, sont généralement belles avec leur coiffe à longue barbe, leurs cotillons de couleurs serrés à la taille par une ceinture de lisière, et leurs bas rouges à coins bleus.

Le Croisic est un petit port de dix mille habitants. En avant du Croisic, à deux lieues en mer, sur un roc appelé le Plateau-de Four, on a construit un phare destiné à rendre moins fréquents les naufrages causés par l'écueil du Four, banc de rochers situé en face du Croisic, dont l'étendue est de plus d'une lieue, et que la mer couvre presque entièrement à l'époque des grandes marées. Le phare a deux étages : le premier sert de magasin, et le second est la résidence des veilleurs. On arrive à la tour par une échelle perpendiculaire incrustée dans le mur. Deux gardiens sont chargés d'entretenir le feu protecteur, sur une plate forme autour de laquelle règne une galerie circulaire de deux pieds de largeur, qui leur sert de promenade. Cette promenade est souvent leur seule distraction, car lorsque les marées sont fortes, l'eau couvre entièrement le rocher, et il leur est impossible de quitter la tour. Ils pourraient gagner le rivage en canot, mais il leur est expressément défendu d'en avoir un, de peur que, retenus à terre par une tempête, ils ne soient point à leur poste quand un navire en détreesse chercherait la lumière qui doit le guider au milieu de cette terrible mer, entre ces écueils, plus terribles encore. Chaque huit jours on apporte à ces prisonniers volontaires toutes les provisions qui leur sont nécessaires ; mais à l'approche des équinoxes, on double et l'on triple ces provisions; car il n'est pas rare que de violentes tempêtes rendent alors impossibles pendant plusieurs semaines toute communication avec la terre.

Cette partie du rivage est d'une horrible beauté, surtout quand les flots irrités s'élancent jusqu'au dessus des énormes rochers qui le bordent, se déchirent à leurs pointes aiguës, se brisent avec fracas contre leurs flancs, et semblent ébranler de leurs secousses ces masses gigantesques. En contemplant ce magnifique et terrible spectacle, l'âme, saisie d'effroi et d'admiration, reconnaît son néant et se courbe dans un sentiment d'adoration profonde, devant celui dont la voix domine le mugissement des flots, et dont la puissance éclate dans les sublimes horreurs de la tempête.

Saint-Nazaire, port à l'embouchure de la Loire, a quatre mille habitants. Entre Batz et Saint-Nazaire, s'étendent des dunes de sables mouvant, au milieu desquelles est bâti le bourg d'Escoublac ; une ville du même nom, qui existait sur l'emplacement du bourg, a été engloutie par ces collines de sable. On voit, près de Saint-Nazaire, un des plus beaux dolmens du département. C'est une pierre longue de neuf pieds et large de cinq, supportée par deux autres pierres qui l'élèvent de six pieds au-dessus du sol.

PAIMBŒUF.

Paimbœuf a un beau port où les plus gros vaisseaux peuvent entrer ; et cet avantage, joint à la proximité de Nantes, en a fait une ville importante. Elle n'a toutefois qu'une seule rue qui soit remarquable, c'est celle qui s'étend sur le quai le long de la Loire. Ce fleuve n'a pas moins d'une lieue de largeur, et cette largeur, n'étant occupée par aucune île, forme un coup-d'œil des plus imposants et des plus animés, vu la grande quantité des navires qui le sillonnent. Le môle, ou la jetée, est des plus remarquables. Construit en 1782, il a deux cents pieds de long sur vingt de large, il est entièrement revêtu de pierres de taille et d'une solidité à l'épreuve des tempêtes. On admire dans l'église de cette ville un chef-d'œuvre de sculpture et de mosaïque, c'est le maître autel de l'ancienne abbaye de Buzay. L'origine de Paimbœuf remonte jusqu'au VIe siècle. C'est, dit-on, un petit-fils d'Hoël le Grand qui en jeta les fondements, et donna à cette ville le nom de Penoc'hen, ou tête de bœuf. Elle fut prise et détruite par les Normands au IXe siècle, elle sortit lentement de ses ruines ; car, il y a cent cinquante ans, elle n'avait qu'une bourgade habitée par des pêcheurs. A cette époque, elle commença de s'accroître et de s'embellir, et elle est enfin devenue l'entrepôt de Nantes. Paimbœuf a un commerce très-actif et de beaux chantiers pour la construction des vaisseaux.

Pornic, petit port sur la baie de Bourneuf, est connu par ses bains de mer, qui en font, pendant la belle saison, le rendez-vous de l'aristocratie bretonne. On y voit un vieux château assez bien conservé. Pornic fut une des premières villes prises par les troupes vendéennes et bretonnes, en 1792.

Machecoul, non loin de Pornic, tomba aussi en leur pouvoir, mais elles y souillèrent leur triomphe par une cruauté que les Bleus leur rendirent à usure, il est vrai, mais dont on n'a pas moins à leur reprocher d'avoir donné l'exemple. Irrités de se voir traqués comme des bêtes fauves à travers les marais et fusillés sans pitié, ils se vengèrent en massacrant cinq cents prisonniers. Leurs chefs, qui avaient horreur de cette vengeance, ne purent cependant l'empêcher assez tôt.

Le département de la Loire-Inférieure offre une grande variété d'aspects. Il renferme des plaines fertiles, de beaux vignobles, de gros pâturages et des forêts, des landes et des marais. Son sol est granitique ; mais la couche de terre végétale, formée de débris de plantes et d'animaux, y est généralement assez épaisse. Le poisson de mer, le poisson de rivière, le gibier et la volaille s'y trouvent en abondance, et le beurre qu'on y fabrique est presque aussi recherché que celui d'Ille-et-Vilaine. Il a des mines de fer, de houille, des tourbières et des carrières de marbres, c'est l'un des départements de la France où l'industrie et le commerce jouissent de la plus grande activité.

MORBIHAN.

Le département du Morbihan renferme un si grand nombre de monuments druidiques qu'en le traversant on se croit encore au temps où les ministres du culte gaulois y régnaient en souverains. Ce n'est plus un département français comme celui de la Loire-Inférieure ou de l'Ile-et-Vilaine; enfermé entre la mer, les Côtes-du-Nord, le Finistère et le pays de Guérande où vivent les anciennes coutumes, il a moins laissé d'accès à la civilisation moderne. Notre langue n'y est parlée que dans les villes; les habitants des campagnes ne s'en servent jamais, et un grand nombre d'entre eux ne la comprennent pas.

Le territoire qui le forme était, à l'époque où César envahit les Gaules, habité par les Venètes, dont Vannes était la capitale. C'étaient d'habiles et de hardis marins, qui résistèrent longtemps au conquérant romain. Ils habitaient de préférence les côtes; ils bâtissaient leurs villes sur les pentes avancées dans la mer, et chaque marée venait en baigner le pied. Leurs vaisseaux à la carène plate naviguaient sans difficulté dans les bas-fonds, et ils étaient si solides qu'ils pouvaient braver le choc des tempêtes. César, pour les vaincre, fut obligé d'avoir une flotte; mais comme ses galères n'étaient pas en état de lutter contre ces navires, il fit armer ses agrès de faux emmanchées à de longues perches, qui, coupant les cordages et les voiles des Venètes, les mirent hors d'état de manœuvrer, et firent d'un combat naval une bataille ordinaire. Grâce à cet expédient, ses troupes bien disciplinées triomphèrent des Bretons, qui n'avaient pour eux qu'un courage à toute épreuve. Ils demandèrent alors à capituler; mais César, furieux de leur résistance, fit mettre à mort leur sénat et vendre leurs citoyens à l'encan. Quelques auteurs disent que les Venètes de l'Adriatique, qui eurent Venise pour capitale, n'étaient qu'une colonie de Venètes de l'Armorique.

Le golfe qui donne son nom à ce département a huit lieues de circonférence; il est formé par les eaux de l'Océan, est semé de petites îles et a généralement peu de profondeur. Les anciens l'avaient nommé Morbihan; c'est-à-dire petite mer.

La température y est douce, mais humide, et l'atmosphère presque toujours brumeuse. La partie septentrionale est couverte de montagnes qui renferment des mines de fer et de plomb; celles de fer sont seules exploitées. Le sol est d'une grande fertilité vers la mer, mais l'intérieur des terres est beaucoup moins fécond. La pêche est l'une des grandes ressources de ses habitants; le sel, le miel, le beurre, la toile et le bétail sont les autres objets de leur commerce.

VANNES.

En passant du département de la Loire-Inférieure dans celui du Morbihan, nous trouverons, avant d'arriver à Vannes, la Roche-Bernard, petite ville située sur la Vilaine, où les voyageurs admirent un magnifique pont de quatre cent cinquante pieds de long et élevé de cent pieds au-dessus des plus hautes marées. Ce pont rappelle, par sa hardiesse, le beau pont jeté sur le Rhin à Fribourg.

L'ancienne capitale des Venètes est située à l'extrémité du golfe de Morbihan, à trois lieues de l'Océan, sur le sommet et le versan méridional d'une colline, à la jonction de deux petits cours d'eau ; deux de ses quartiers, bâtis sur pilotis, s'étendent au bas de la colline. L'aspect de Vannes est assez pittoresque ; mais le voyageur qui l'a contemplée de loin éprouve en la parcourant une grande désillusion. A l'exception d'une rue, nouvellement alignée, il n'y voit que des ruelles étroites, sombres, malpropres, et de laides maisons. Quelques-unes, qu'on reconnaît à leurs étages surplombants, datent de très-loin. La principale place publique est assez vaste et plantée d'arbres. Vannes est plus riche en souvenirs qu'en édifices modernes. Elle fut ravagée par les Normands en 847 et 865 ; elle eut à souffrir cruellement pendant les guerres de Montfort et de Blois que nous avons racontées. La ligue ne l'épargna pas davantage. C'était alors une riche cité, qui, par son port, son commerce et ses fortifications, rivalisait avec Rennes et avec Nantes. Elle fut pendant soixante-onze ans le siége d'un parlement créé par le duc François II.

Elle a quelques restes de son ancienne splendeur ; d'abord une vaste cathédrale, d'architecture hardie et sévère ; puis le monument élevé à saint Vincent-Ferrier, par les soins de Jean V, duc de Bretagne, avec les deniers du peuple, qui jamais ne paya de meilleur cœur aucune contribution. Saint Vincent-Ferrier était né en Espagne, et avait embrassé la règle de Saint-Dominique. Il vint prêcher en Bretagne contre le schisme d'Occident, et il mourut à Vannes, dans une maison que les pèlerins vont encore visiter. Il s'opéra tant de miracles à son tombeau, que, pendant les guerres de la ligue, les Espagnols venus au secours du duc de Mercœur voulurent enlever ses restes précieux. Les chanoines de Vannes, jaloux de les conserver, les enfouirent, et, la guerre terminée, on les chercha en vain ; ceux qui les avaient cachés étaient morts ou ne pouvaient plus désigner la place où ils les avaient déposés. Ils ne furent retrouvés qu'au bout de quarante ans. L'anniversaire de la translation de ces reliques vénérées se célèbre encore à Vannes, le 6 septembre, et attire dans cette ville un concours innombrable de fidèles et de curieux. Rien n'égale, à ce qu'on assure, la pompe déployée dans cette cérémonie : les rue sont tendues de blanc, jonchées de fleurs, et l'allégresse la plus vive règne dans toute la ville.

Le château d'Hermine, à moitié détruit, a joué un rôle dans l'histoire de Bretagne. Enfin, c'est dans une des salles de la Halle que les Etats, assemblés en 1532, signèrent la fameus requête qui, présentée au Roi François Ier, détermina la réunion de la Bretagne à l France.

Pour l'intelligence de cet événement, qui clôt l'histoire de la Bretagne, il est nécessaire que nous jetions un rapide coup d'œil sur ce qui arriva dans cette province à la mort de François II, son dernier duc, dont nous avons raconté les démêlés avec Louis XI.

ANNE DE BRETAGNE.

François II, avant de mourir, avait fait jurer aux seigneurs de son duché d'[illegible]ir à Anne, sa fille aînée, et, en cas de mort de ladite dame Anne, à madame Isabeau, sa jeune sœur. Anne de Bretagne avait onze ans à peine quand ils se trouvèrent mis en demoure de se rappeler leur serment ; mais, dans un âge si tendre, elle annonçait ce qu'elle devait être un jour.

Les chagrins et les revers de son père avaient mûri sa raison; elle avait réfléchi dès longtemps à la position où elle se trouverait quand la mort viendrait le lui enlever ; et, afin d'être moins incapable de gouverner les Etats qu'il lui laisserait, elle étudiait sans cesse, et employait le peu de loisirs qu'elle était forcée de prendre à écrire l'histoire des événements qui s'accomplissaient sous ses yeux.

Ce qui nous rend souvent si faibles en présence du malheur, c'est le soin que nous avons pris d'en détourner notre pensée, dans la crainte de nous attrister par les éventualités de l'avenir; c'est une sorte de lâcheté; il est beaucoup plus courageux et plus sage d'envisager les maux qui peuvent fondre sur nous. Ils nous trouvent alors préparés à le recevoir; nous n'en sommes ni accablés ni étourdis, et nous pouvons prendre aussitôt les moyens les plus efficaces pour en conjurer les suites. L'exemple de la *petite Brette*, c'est ainsi qu'on appelait Anne de Bretagne, suffirait à nous en convaincre, si chacun de nous n'avait pu en faire l'expérience.

Malgré le traité du Verger, conclu entre François II et Charles VIII, les Français continuaient de guerroyer en Bretagne. Les seigneurs bretons qui formaient le conseil de la jeune princesse réclamèrent contre cette infraction, tout en se disposant à soutenir les attaques de Charles VIII, qui défendait à Anne de prendre le titre de duchesse, et qui voulait être nommé son tuteur. François II avait promis la main d'Anne à plusieurs princes dont il avait eu besoin, et la Bretagne était une si belle et si riche dot, qu'aucun des concurrents n'était disposé à céder ce qu'il appelait ses droits. Le vicomte de Rohan, l'un des prétendants avait embrassé le parti de la France, espérant que, quand il aurait acquis la Bretagne, Charles VIII la lui donnerait avec la main de la princesse. Il s'empara de plusieurs villes, et livra son pays à la guerre civile.

Le sire d'Albret, qui avait mis dans ses intérêts le maréchal de Rieux, tuteur d'Anne, après avoir essayé d'obtenir le consentement de la jeune princesse, résolut d'enlever par la force ce qu'elle lui refusait obstinément. Le maréchal quitta sa pupille, et les Français, en ayant été avertis, formèrent le projet de l'enlever et de la conduire à la cour de leur roi. Anne en fut informée et ne perdit point courage. Elle était alors à Redon avec sa jeune sœur, son chancelier et le chevevier Dunois. « Il faut aller à Nantes, » leur dit-elle. Et elle se mit en route avec eux. Mais d'Albret et Rieux leur en firent fermer les portes, et, sur le refus qu'elle fit d'y pénétrer sans ses défenseurs, ils tentèrent de s'emparer de sa personne, et envoyèrent contre elle leurs plus vaillants cavaliers. Dunois sut la soustraire à ce danger, en face duquel elle déploya une fermeté héroïque. Rieux lui fit alors proposer d'entrer à Nantes par une poterne qui donnait sur la Loire; elle s'y refusa, et déclara qu'elle voulait entrer dans sa bonne ville par la grande porte, comme princesse et duchesse de Bretagne. Les Bourgeois de Nantes, informés de cette réponse, se disposaient à aller la recevoir; mais le maréchal les en empêcha. Anne alors jura qu'elle irait vivre dans un cloître plutôt que d'épouser d'Albret, et elle se rendit à Rennes, où elle fit son entrée solennelle, et où elle fut reconnue duchesse de Bretagne par les Etats.

Des Anglais, des Espagnols, des Allemands vinrent au secours de la jeune princesse; la guerre se ralluma entre les Bretons et les Français, et ne finit qu'en 1489. Le maréchal de Rieux se réconcilia alors avec sa pupille, et celle-ci, pour être sûre de ne point appartenir au sire d'Albret, épousa, par procuration, l'archiduc Maximilien. Dès que Charles VIII en fut informé, il déclara la paix rompue, et les hostilités recommencèrent. Anne se repentit de cette démarche imprudente, et Maximilien n'étant pas venu prendre possession des droits que lui assurait ce mariage, Charles VIII résolut d'épouser lui-même la duchesse de Bretagne. Le sire d'Albret, furieux d'avoir été ainsi évincé, lui offrit ses services, qui furent acceptés. Il surprit la ville de Nantes, et en donna avis au roi, qui vint l'occuper aussitôt. Dès lors, Charles ne cacha plus ses prétentions sur la Bretagne, il convoqua les Etats à Vannes et alla assiéger Rennes, où s'était renfermée la duchesse.

Alors, sûr des barons qu'il avait su attacher à sa cause, sûr du peuple, las d'une si longue guerre, Charles déclara qu'il ne mettrait bas les armes que quand il aurait obtenu la main d'Anne. Cette princesse avait alors quinze ans, le roi de France en avait vingt; il était marié sur parole avec la fille de ce même Maximilien qu'Anne de Bretagne avait consenti à prendre pour époux; mais la politique devait briser tous ces nœuds. Charles renvoya à Maximilien la petite princesse, que madame de Beaujeu, sœur aînée du roi, faisait élever à la cour de France, et tous les seigneurs de Bretagne supplièrent Anne de conclure un mariage qui devait rendre la paix à la Bretagne épuisée. La duchesse avait pitié des maux de son peuple, décimé par l'épée des Français, par la famine et par la peste ; elle eût donné sa vie pour le sauver ; mais sa fierté l'empêchait de conclure une alliance imposée par la force. Le duc d'Orléans, qui avait été son fiancé lorsqu'elle n'avait encore que sept ans, vint la supplier, à son tour, de consentir à porter la couronne de France. Il fit l'éloge de Charles VIII, contre lequel il avait si longtemps combattu, et qu'il était désormais décidé à servir ; car il lui devait un généreux pardon, et il voulait s'acquitter envers lui en l'aidant à obtenir la main d'Anne et le beau duché de Bretagne. Les évêques bretons vinrent aussi trouver la princesse, et, forts de l'autorité de leur caractère, ils lui dirent qu'elle ne pouvait, sans manquer à ses devoirs de souveraine, refuser de mettre un terme aux malheurs de ses sujets, et qu'elle serait responsable devant Dieu du sang dont elle eût pu arrêter l'effusion. La sainte liberté de ce langage n'offensa point la duchesse ; elle en fut touchée. Le roi de France, s'étant rendu à Rennes, où elle se tenait, obtint enfin son consentement.

Peu de jours après, Anne alla rejoindre Charles VIII en Touraine. Elle y trouva les dispenses de Rome et le contrat dressé. Par ce contrat, la duchesse cédait la Bretagne à Charles VIII, au cas qu'elle mourût sans enfants, et elle s'engageait, si Charles VIII décédait avant elle sans postérité, à ne se marier qu'avec le roi de France, ou le plus proche héritier de sa couronne. Par ce contrat, la Bretagne se trouvait définitivement réunie à la France. Pour qu'Anne le signât, il fallait que le bonheur et la prospérité de son duché lui fussent bien chers, car plus peut-être qu'aucun des princes qui l'avaient gouverné, elle était jalouse de l'indépendance de la Bretagne.

Toutefois, le roi lui promit qu'elle continuerait d'exercer la souveraineté sur ce pays, et il tint parole. Le mariage d'Anne fut célébré aussitôt cette signature obtenue, et la cour se rendit à Saint Denis, où la nouvelle reine devait être couronnée. Cette cérémonie fut célébrée avec la plus grande pompe, et Anne s'y fit admirer, moins encore par sa beauté que par sa modestie. Elle fut reçue dans Paris aux acclamations d'une foule enthousiaste, et les plus brillantes fêtes signalèrent cette réception.

Quand Maximilien apprit que Charles VIII lui avait ravi celle qu'il regardait comme sa femme, il entra dans une grande colère, et s'assura l'appui du roi d'Angleterre pour déclarer la guerre à la France; mais ces velléités de guerre n'eurent pas plus de suite que n'en avait eu son mariage.

Les Etats de Bretagne, convoqués à la nouvelle des projets de Maximilien, accordèrent au roi une contribution pour l'aider à soutenir cette guerre; mais en même temps ils lui firent signer le maintien de leurs coutumes et de leurs franchises, et la duchesse-reine, pour les en récompenser, leur accorda plusieurs priviléges, dont elle obtint sans peine la ratification. Elle appela aux dignités de la cour de France plusieurs seigneurs bretons, et se montra pleine de sollicitude pour ses anciens sujets, qui, jouissant enfin de la paix et voyant refleurir leur commerce, bénirent cette union autant qu'ils l'avaient d'abord redoutée.

Disons, toutefois, que ce qui rendait ce mariage si antipathique à la duchesse et à la Bretagne tout entière, c'était uniquement l'amour de la liberté, de la nationalité, et non les défauts de Charles VIII. C'était un prince faible de corps et d'esprit; mais si bon, qu'on ne vit jamais meilleure créature, et que deux de ses serviteurs moururent de chagrin lorsqu'ils apprirent qu'il n'était plus. Il était aussi brave que bon, et il le prouva par la guerre d'Italie, guerre qui ne rapporta aux Français qu'une gloire stérile, parce qu'elle avait été imprudemment entreprise.

Pendant tout le temps que dura cette expédition, Anne ne s'occupa que du bien du peuple, et en particulier de ses chers Bretons, et tint tête à la dame de Beaujeu, fille de Louis XI, et longtemps tutrice du roi, lorsque celle-ci voulut toucher aux priviléges qui leur avaient été accordés. Une grande sagesse, une intelligence rare et une conduite exemplaire donnaient à Anne beaucoup d'autorité.

Charles VIII mourut sans postérité, après avoir eu trois fils et une fille. Le duc d'Orléans monta sur le trône, sous le nom de Louis XII, et commença son règne par un acte de clémence qu'on ne saurait trop louer. Ses anciens ennemis, tous ceux qui avaient indisposé le roi contre lui ou qui avaient combattu dans un camp opposé au sien, comptaient sur une disgrâce, et redoutaient même une vengeance plus sévère. Les courtisans de Louis XII ne manquèrent pas de l'engager à l'exercer; mais tout le monde connaît la belle réponse qu'ils en reçurent : « Le roi de France ne venge pas les injures du duc d'Orléans. »

Après la mort de son mari, Anne se retira en Bretagne et y exerça tous ses droits. D'après le contrat dont nous avons parlé, c'était à Louis XII que la veuve de Charles VIII devait porter son duché, mais Louis XII était marié. Louis XI, à qui on ne résistait pas impunément, lui avait fait épouser Jeanne de France, sa fille, princesse d'une bonté angélique, mais laide et difforme. Le duc d'Orléans, à qui on l'avait imposée, songeait depuis longtemps à s'en séparer, lorsque la mort de Charles VIII vint lui permettre de prétendre à la main d'Anne. Il n'hésita plus et intenta à Jeanne un procès en divorce, procès dans lequel cette princesse se montra si grande, si ferme et d'une si admirable vertu, que la France entière se déclara pour elle contre le roi. Toutefois, le divorce fut prononcé : l'opinion du peuple et la soumission à la volonté de Dieu consolèrent Jeanne; devant les hommes, ce fut un ange méconnu et une femme héroïque; devant Dieu, ce fut une sainte. Anne de Bretagne, au milieu de sa brillante cour, n'avait-elle pas à envier le sort de cette épouse répudiée?

Le mariage de Louis et d'Anne fut célébré à Nantes. Le contrat, dont la duchesse avait dicté les conditions, rendait à la Bretagne toutes ses franchises et en réservait l'héritage, non au roi de France, leur fils aîné, mais à leur second enfant et à leurs petits-enfants, si Anne n'avait qu'un seul fils. Par cette clause, la Bretagne devait être toujours gouvernée par un duc, et ne point faire partie de la couronne de France. Cette fois, la duchesse ne cédait plus à la force ; elle prenait ses avantages en politique habile et sûre de son triomphe. Non-seulement elle garda l'autorité sur la Bretagne, mais elle prit une grande part au gouvernement de la France, et aida plus d'une fois le roi de ses conseils. Louis l'aimait et l'honorait à tel point qu'il ne lui pouvait rien refuser, qu'il exigeait de tous pour elle la vénération la plus profonde, et lui faisait rendre, soit par ses seigneurs, soit par les étrangers, autant d'honneurs qu'à lui-même.

Anne eut une cour brillante ; elle s'entoura surtout de nobles filles bretonnes ; elle les élevait « bien et sagement, dit Brantôme, et toutes à son modèle se frisaient et se façonnaient très-sages et très-vertueuses. » Elle aimait les savants et les artistes, les accueillait avec grâce, se plaisait à leur conversation et les accablait de faveurs. Elle n'oubliait pas sa Bretagne, et chaque fois qu'elle le pouvait, elle allait visiter ses sujets, qui la chérissaient comme une mère, et la fêtaient avec une joie extrême. Chacun de ses voyages était marqué par d'utiles travaux, par de pieuses fondations, par des bienfaits noblement répandus, et l'enthousiaste reconnaissance des Bretons, leur dévouement absolu faisaient la joie d'Anne, plus fière encore peut être d'être duchesse de Bretagne que reine de France.

Dans les démêlés qui eurent lieu entre Louis XII et le pape Jules II, l'Angleterre ayant pris parti pour la cour de Rome, envoya une flotte contre la Bretagne. Les hardis marins bretons se réveillèrent, et Anne équipa à ses frais un vaisseau de cent canons qu'elle nomma *la Cordelière*, et dont elle confia le commandement à Hervé de Portzmoguer. Hervé se montra digne de ce choix ; après avoir fait éprouver de grandes pertes aux Anglais, il jeta les grappins au vaisseau amiral anglais *la Régente*, et se fit sauter avec lui. Les bâtiments du Croisic poursuivirent les Anglais jusque sur leurs côtes, et les insulaires, pour se venger de cette défaite, vinrent mettre le feu à la ville de Penmarc'h.

La reine n'avait que trente-sept ans lorsqu'elle mourut. Le roi la pleura sincèrement, et tous ceux qui l'avaient servie ou qui avaient été admis auprès d'elle ne pouvaient se consoler d'avoir perdu une si bonne maîtresse, une reine si juste et si affable. Mais nulle part le deuil ne fut plus grand qu'en Bretagne, le peuple avait su gré à la duchesse de son premier mariage contracté pour lui seul, et elle n'avait point oublié de le rendre participant de tout le bonheur qu'elle avait trouvé dans son second hymen.

On fit à la reine les plus magnifiques funérailles. Trois oraisons funèbres y furent prononcés par Parvi, le confesseur du roi : la première à Blois, où Anne était morte ; la seconde, à Notre-Dame-de-Paris, et la troisième, à Saint-Denis. Les orateurs étaient alors dans l'usage de partager leurs discours en plusieurs membres, dont le nombre se rapportait à celui des sacrements, des évangélistes, des apôtres, etc. Comme Anne avait vécu trente-sept ans, Parvi dit à Blois, qu'elle avait mérité trente-sept éloges pour trente-sept vertus formant un char qui la conduisait au ciel. Dans sa seconde oraison, il compara la ville de Paris à un chœur de musique à quatre parties : l'église, la justice, l'université et le peuple, et prouva que ces quatre parties ne faisaient entendre que des chants de douleur.

Enfin, à Saint-Denis, il fit remonter la généalogie de cette princesse jusqu'au siége de Troie, et partagea en douze parties son discours, qui dura quatre heures.

Le corps d'Anne fut déposé dans les caveaux de Saint-Denis, près de la place réservée à Louis XII ; elle avait exprimé le désir d'être inhumée aux Carmes de Nantes, dans ce magnifique tombeau que nous avons admiré dans la cathédrale de cette ville. Louis, voulant, autant qu'il le pouvait, remplir ce dernier vœu, fit enfermer le cœur de la reine dans un triple étui de fer, de plomb et d'or, revêtu d'émail ; ce cœur fut transporté à

Nantes et reçu au milieu de la plus grande pompe et des larmes les plus amères. Sur cet étui, on lisait les vers suivants :

> En ce petit vaisseau de fin or, pur et munde,
> Repose un plus grand cœur qu'oncque dame eust au munde,
> Anne fut le nom d'elle, en France deux fois royne,
> Duchesse des Bretons, royale et souveraine.
> Ce cœur fut si très-haut, que de la terre aux cieulx
> Sa vertu libéralle accroissait mieulx et mieulx ;
> Mais Dieux en a reprins sa portion meilleure
> Et ceste part terrestre en grand deuil nous demeure.

Le duché de Bretagne, en vertu du contrat de mariage d'Anne et de Louis XII, appartenait à Claude de France, leur fille aînée ; cette princesse avait épousé François d'Angoulême, premier prince du sang, et le bon roi Louis, père du peuple, étant mort sans enfant mâle, ce fut François d'Angoulême qui lui succéda. La Bretagne eût dû revenir alors à Renée de France, seconde fille d'Anne ; mais François Ier ne pouvait renoncer ainsi à cette belle province, qui, si longtemps, avait été l'objet de la convoitise de ses prédécesseurs. Il gouverna d'abord la Bretagne au nom de sa femme, et, comme madame Claude, avec toute la bonté de son père, n'avait rien de la fermeté de sa mère, elle donna d'abord à François Ier la jouissance de la Bretagne, puis elle en assura, par testament, la possession au dauphin, son fils aîné.

Non content de ces précautions, François Ier, connaissant l'humeur fière et indépendante des Bretons, voulut leur ôter tout prétexte de se séparer un jour de la France. Il ne trouva pas de plus sûr moyen que de faire solliciter, par les Etats, la réunion de la Bretagne à la couronne. Il se rencontra d'abord bien de l'opposition ; mais François avait su se gagner de nombreux partisans ; ils représentèrent aux Bretons combien ils avaient eu à souffrir tandis qu'ils avaient formé un peuple indépendant, combien de guerres ils avaient dû soutenir contre la France et contre l'Angleterre, et ils comparèrent la désolation de ce temps de liberté à la prospérité dont leur pays avait joui depuis qu'Anne l'avait placé sous l'autorité des rois de France.

Ces Etats, tenus à Vannes, furent des plus orageux ; mais on gagna ceux des députés qu'on ne put convaincre, et l'union de la Bretagne à la couronne fut demandée par les trois ordres et accordée par François Ier, en l'an 1532, avec la promesse de respecter les franchises et coutumes du pays.

LIMOGES. — IMPRIMERIE DE BARBOU FRÈRES.

www.ingramcontent.com/pod-product-compliance
Ingram Content Group UK Ltd.
Pitfield, Milton Keynes, MK11 3LW, UK
UKHW022114190726
13855UKWH00002B/850